Die Weine
der Loire

FALKEN Vinum

Vinoteca

Die Weine
der Loire

Rolf Bichsel

Die Loire, der längste Weinfluss Frankreichs

Ohne die Loire gäbe es keine Weine in dieser Gegend Frankreichs – der Fluss war nicht nur Transportweg für die vielfältigen Weine während Hunderten von Jahren, sondern ist ein wichtiger Klimafaktor.

Der Weg zum Wein Ihrer Wünsche

Was die Weine der Loire so einzigartig macht und wie die Wahl nicht zur Qual wird.

Die Weintypen der Loire

Ein kompletter Überblick über die Weingebiete und die Weintypen, vom herben Muscadet über den süßen Vouvray bis zum rauchigen Pouilly-Fumé.

Karte der Weingebiete der Loire

Die kulinarischen Hochzeiten

Wie die fröhlichen Weine
der Loire sich mit den
deftigen Gerichten der
Region verbinden.

Die schönsten Güter, die besten Weine

Ein Führer durch die Wein-
szene der Loire, von den
berühmtesten Produzenten
bis zu den Geheimtipps.

**Die Vinoteca-Empfeh-
lung: Die Weine mit
dem besten Preis-Wert-
Verhältnis**

Gut einkaufen, klug einkellern, richtig servieren

Eine praktische Anleitung,
wo Sie die Weine Ihrer Wahl
am besten einkaufen und
wie Sie damit umgehen.

Willkommen an der Loire

Große Weine entstehen überall entlang der Loire. Erlauben Sie mir dennoch, Ihnen die Weine eines Landstriches besonders ans Herz zu legen: meiner Heimat, der Touraine. Die Könige haben sie geliebt, sagt man! Aus Montlouis und Vouvray kommen die großen trockenen, süßen oder schäumenden Weißweine der Loire. Sie werden aus der Sorte Chenin gekeltert, die man hier Pineau blanc nennt, nicht zu verwechseln mit dem Pinot blanc.

In Bourgueil erntete man bereits im 12. Jahrhundert einen Rotwein, der »das traurige Herz erfreute«, wie ein alter Text besagt. Chinon und Saint-Nicolas-de-Bourgueil tun es ihm heute gleich: Die drei Gemeinden sind das Königreich der Sorte Cabernet franc, hier Breton genannt, und ihrer herrlichen, fruchtigen, roten Weine.

Ob fruchtig oder herb, ob lieblich oder trocken, ob leicht oder schwer: Sie, die Sie sich für die Weine von der Loire interessieren, können hier eine ganze Palette unterschiedlichster Weine verkosten, wie einst Adelige und Könige. Kommen Sie uns besuchen in unseren Kellern und wir krönen Sie zu Königen!

Gaston Huët,
Weinproduzent und Präsident
des Winzerrates der Touraine

Der längste Weinfluss Frankreichs

Die Loire prägt eine der großen historischen Landschaften Frankreichs. Könige und Prinzen hatten hier einst ihre Sommerresidenzen. Unzählige Weinregionen durchfließt die Loire auf ihrem Weg in den Atlantik. Produziert werden Weine für jedermann, ob weiß, rot oder rosé, aber auch einige ganz besondere Tropfen, die zu den besten der Welt zählen.

Die Loire ist Frankreichs längster Fluss und einer der letzten wilden, unverbauten Wasserläufe Europas. Er entspringt als klarer, fröhlicher Bergbach in den Cevennen. Nach 1020 Kilometern gemächlichen, gemütlichen Mäanderns mündet er bei Nantes in den Atlantik. Vorher durchquert er zwölf Departements, jede Menge schattiger Wälder, wohlgeordnete Obstplantagen, großzügige Äcker und viel Weideland, unzählige Blumengärten und eine stolze Anzahl Weinberge, die nicht eine zusammenhängende Einheit bilden, also keine Monokultur darstellen wie in Bordeaux, sondern eher einem Flickenteppich gleichen. Die Weinberge liegen verstreut in der weiten Landschaft – so verstreut, dass man sie sich buchstäblich zusammensuchen muss.

Die Loire ist aber auch eine der wichtigsten Kulturlandschaften Europas. Einen »Fluss, der einen von den Göttern begünstigten Landstrich bewässert« nannte der französische Dichter Jean de la Fontaine die Loire und Honoré de Balzac verglich sie mit einem »schönen goldenen Band, auf das die Segel fantastische Figuren zeichnete, die bald vom Winde verwischt wurden«. Die Loire ist in der Tat ein Landstrich, der Herz und Geist beflügelt. Sie besitzt ein besonders mildes Klima, was

François Rabelais

* um 1494 La Devinière bei Chinon
† 1553, Paris.
Geistlicher, Arzt und Schriftsteller. Der berühmte Sohn der Loire selbst ein Weingenießer, erwähnt in seinen Schriften bereits die Rebsorte Cabernet franc, lokal Breton genannt.

Links: An der Loire wachsen frische, fruchtige Rot- und Weißweine und betörende weiße Süßweine.

dazu geführt hat, dass die »douceur de vivre«, die Sanftheit des Lebens, in diesem Garten Frankreichs direkt sprichwörtlich geworden ist. Von dem milden, freundlichen Klima profitierte nicht zuletzt der französische Adel, der hier seine Sommerresidenzen und Jagdschlösser erbauen ließ.

»Die Loire ist eine Königin und die Könige haben sie geliebt«, behauptet ein altes französisches Sprichwort – zu Recht. Besonders in der Epoche der Renaissance zog die Loire tatsächlich Könige und Prinzen in ihren Bann, denen rasch Dichter und Künstler folgten. Den Höhepunkt erreichte die französische Renaissance unter Franz I., der in seiner Regierungszeit von 1515 bis 1547 die bedeutendsten Bauten im italienischen Stil verwirklichte. Schloss Chambord mit seinen mehr als 440 Räumen ist unter Mitwirkung des italienischen Renaissance-Genies Leonardo da Vinci entstanden.

Die wenigsten dieser prachtvollen Bauwerke wurden zu militärischen Zwecken errichtet. Meist dienten sie dem Hofstaat des französischen Königs als Sommerresidenzen, als luxuriöse Lust- und Jagdschlösser; sie gewährten den Hofkünstlern, den großen Wissenschaftlern der damaligen Zeit, Inspiration und Ruhe. Die französischen Herrscher machten es sich zur Gewohnheit, solche prunkvollen Landsitze nicht nur an besonders verdienstvolle Staatsmänner zu verschenken, sondern auch an ihre Lieblingskurtisanen, um sich so ihrer Treue und Hingabe zu versichern. Natürlich floss in diesen grandiosen Residenzen auch der Wein in Strömen. Zu den Schlössern gehörte fast immer auch ein Weinberg – einige davon stehen sogar heute noch in Produktion.

Der verschwenderische Lebensstil des französischen Adels erregt offensichtlich immer noch Bewunderung. Wie anders ist es sonst zu erklären, dass die Loire-

schlösser von Blois, Cheverny, Chambord, Chenonceaux, Amboise oder Langeais alljährlich Tausende
von Besuchern anlocken? Doch die Besucher sehen
sich nicht nur an architektonischen Meisterleistungen
satt. Zugängliche Weine zu vernünftigen Preisen und
eine deftige, schmackhafte Küche sind weitere, wichtige Elemente im Katalog des Erlebenswerten.

Kähne mit flüssiger Fracht

Die Loire ist ein durch und durch eigenwilliger Fluss.
Ein Flussbett, so breit wie ein Fußballfeld, und in der
Mitte ein schwaches Rinnsal – die Wassermassen wäl-
zen sich wohl gerade durch einen Nebenarm – man
weiß nie so recht, wo denn nun die Loire beginnt und
endet. Daher tut man sich auch mit der Vorstellung
schwer, dass dieser Fluss einst eine der wichtigsten
Verkehrsadern des französischen Königreichs war. Aus
dem mittleren und südlichen Frankreich wurden Wa-
ren nach Orleans verfrachtet und von dort aus über
Land nach Paris oder weiter flussabwärts und schließlich übers Meer nach England und Holland exportiert.
Dazu gehörte nicht zuletzt der Wein.
Der Weinbau unterwarf sich ganz den Bedürfnissen des
Handels. An der Flussmündung förderte man den An-
bau von leichten, für die Destillation bestimmten
Weißweinen. Diese Art von Wein suchten die Hollän-
der schon früh als Ersatz oder Ergänzung zu den
Grundweinen aus der Charente, der Hochburg des
Weinbrands Cognac. Im 17. Jahrhundert kam die Her-
stellung von lieblichem Weißwein aus Anjou in Mode.
Dieser wurde mit einigem Erfolg in England und
Holland verkauft.
Transportiert wurde Wein in rauen Mengen, sowohl in
Richtung der Hauptstadt Paris als auch in Richtung
Nantes, dem Hafen an der Atlantikmündung. Mitte

Weinkauf an der Loire heute:
»Feine Weine« verspricht
diese Weinhandlung in
Chinon.

Steckbrief der Weinwirt-
schaft

47 170 ha Rebfläche in den
AOCs (Appellations d'Origine
Contrôlée)
2,5 Mio. hl Wein pro Jahr
15 000 Winzerbetriebe
64 AOC- und 10 VDQS-
Gebiete
Wichtigste Traubensorten:
rot: Cabernet franc, Cabernet
Sauvignon, Gamay
weiß: Chenin blanc, Sauvi-
gnon blanc, Melon de
Bourgogne
55 % Weißweine und
45 % Rotweine
Wichtigste Weißweine:
Muscadet, Savennières,
Coteaux du Layon, Vouvray,
Sancerre/Pouilly-Fumé
wichtigste Rotweine:
Saumur/Saumur-Champigny,
Gamay Touraine, Bourgueil,
Chinon, Anjou

des 19. Jahrhunderts notierte ein Händler aus Sancerre in sein Kontobuch die Menge an Wein, die er eben an einen Kunden in Paris geliefert hatte: stolze 8680 Hektoliter. Das entspricht über 1 Million unserer heutigen Flaschen und beinah 20 Prozent der heutigen Appellation Sancerre!

Doch die Loire war nicht nur als Transportweg für die Entwicklung des Weinbaus unerlässlich, sondern auch als Klimafaktor. Denn sie durchfließt klimatische Randzonen, in denen Qualitätsweinbau ohne die temperierende Wirkung des Wassers kaum möglich wäre. Fast überall wachsen die Reben deshalb nur in Sichtweite des Flusses.

Die Qualitäten des Loire-Weins hat der Schelmendichter Rabelais schon im 16. Jahrhundert besungen. Seine Heimat war Chinon – das auch heute noch einen der interessantesten Rotweine der Region produziert. Der andere historische Wein der Loire ist der weiße Quarts de Chaume. Er wurde bereits im Mittelalter als einer der besten Weine Frankreichs gerühmt. Die Traubensorte von Chinon war schon zu Zeiten Rabelais' Cabernet franc, die des Quarts de Chaumes die Sorte Chenin blanc; sie sind noch heute die wichtigsten Sorten. So viel Kontinuität, so viel Traditionsbewusstsein sind auch im historischen Weinland Frankreich selten.

Entlang der Loire liegen fast 70 Herkunftsgebiete, die eine ganze Palette höchst unterschiedlicher Weine erzeugen: trockene, herbe, kernige Weißweine mit stahliger Säure kommen vom Oberlauf des Flusses um

Eine wichtige Verkehrsader

Anfang des 19. Jahrhunderts war die Loire ein so viel befahrener Fluss, dass es immer wieder zu Kollisionen von flachen Flussbarken kam. Im Jahre 1834 passierten 19 177 Lastkähne die Stadt Orléans, rund 50 an einem Tag!

Sancerre und Pouilly-Fumé; einfache, fröhliche, frische Rot-, Weiß- und Roséweine aus seinem Zentrum, der Touraine, und eigenwillige Weißweine aus Vouvray und Montlouis, die je nach Jahr trocken, halbtrocken, süß oder gar edelsüß abgefüllt werden –

wenn man daraus nicht einen Schaumwein im Stil eines herben Champagners produziert. Aus der Gegend zwischen Tours und Anjou kommen die besten Rotweine der Loire: Chinon, Bourgueil, Saint-Nicolas-de-Bourgueil, Saumur, Saumur-Champigny und Anjou – allesamt kernige, saftige, bekömmliche Weine, die immer etwas nach Minze und Efeu duften. Anjou keltert ferner einen weltbekannten, leicht süßen Rosé. Aus Savennières kommen besonders herbe, trockene Weiße, darunter der geheimnisvolle Coulée de Serrant. Die Coteaux du Layon sind ein Paradies für edelsüß ausgebaute Weine. Um Nantes schließlich erntet man den Muscadet, einen besonders bekömmlichen, prickelnden, einfachen Weißen für jeden Tag.

Dies aber ist der eigentliche Vorteil der Loire-Weine: ihre große Vielfalt zu einem mäßigen Preis. Exzessiv teuer sind nur ganz wenige, ohnehin kaum erhältliche Tropfen, beispielsweise ein Coulée de Serrant oder ein Quarts de Chaume. Die meisten anderen Weine der Loire sind preiswert, vor allem angesichts ihrer Qualität.

Der Weg zum Wein Ihrer Wünsche

Loire-Weine gibt es für jeden Geldbeutel und für jeden Geschmack. Das größte Problem liegt vielleicht sogar in ihrer Vielfalt! Wie Sie sich im Dschungel der Appellationen und Preisklassen zurechtfinden, verraten wir Ihnen auf den folgenden Seiten.

Wer etwas finden will, muss wissen was er sucht. Das ist eine banale Weisheit – aber doch so treffend! Auf die Weine von der Loire bezogen heißt das: sich zurechtfinden im großen Angebot, lernen, was die Qualität eines Loire-Weines ausmacht, aber auch seinen eigenen Geschmack ergründen, seine Vorlieben bestimmen und seine Bedürfnisse erkennen. Weine von der Loire gibt es buchstäblich für alle Gelegenheiten. Die nachfolgenden Angaben sollen Ihnen helfen, den richtigen Loire-Wein für ihren Geschmack zu finden.

Was die Güte des Weins bestimmt

Grundsätzlich sind es vier Faktoren, die den Typ und die Güte eines Weines bestimmen:

1. die Rebsorte und deren Trauben,
2. das Klima und der Boden, die in der Weinsprache mit dem Begriff »Terroir« bezeichnet werden,
3. das Können von Winzern und Weinmachern,
4. die Eigenheiten eines Jahrgangs.

Alles in allem aber ist es zum guten Ende das Zusammenwirken all dieser Elemente. Die nebenstehenden Symbole werden Sie durch diesen Band und die ganze Buchreihe Vinoteca führen. Über die Qualität der Weine informiert die Anzahl Sterne von ★ bis ★★★★★.

Die Summe der vier Faktoren ergibt die Weinqualität

Rebsorte

Terroir

Winzer

Jahrgang

Weinqualität

Links: Eine der schönsten Entdeckungsfahrten zum Wein ist eine Reise auf der Loire.

Vier Fragen leiten die Weinwahl

Um »Ihren« Wein zu finden, sollten Sie Ihre Wünsche und Erwartungen nach folgenden Kriterien prüfen: Welches sind meine Vorlieben? Rot 🍷 oder weiß 🥂? Sanft oder herb? Leicht oder schwer? Subtil oder wuchtig?

Ist der Wein zum sofortigen Trinken 🍾 oder zum Lagern ➡ bestimmt?

Zu welcher kulinarischen Gelegenheit 👄 soll er passen? Zum einfachen kalten Imbiss, zu alltäglichen Gerichten oder zum Festmahl?

Die Preisklassen ❶ – ❺: Was ist mir der Wein wert? Welche Antworten wir Ihnen geben, zeigen die drei Porträts typischer Loire-Weine rechts. Ab S. 32 leiten unsere Symbole Sie durch alle Weintypen der Loire.

Die Vielfalt der Weine von der Loire

Die Loire ist ein Füllhorn von Weinen unterschiedlichster Art. Die Auswahl reicht vom einfachsten Tafelwein bis zum kostbarsten Spitzentropfen. Die Loireweine sind erstaunlich vielfältig.

Weltklasse sind besonders die Weißen von der Loire, ob sie nun aus Savennières, Quarts de Chaumes, Vouvray, Sancerre oder Pouilly-Fumé stammen und süß, halbsüß oder trocken ausgebaut wurden. Aufgrund ihrer Eigenart, ihres Preises und ihrer langsamen Kellerreife, aber auch ihrer relativen Seltenheit sind sie meist einer kleinen Käuferschicht vorbehalten. Anders die Rosés und die Rotweine, die für jedermann zugänglich sind. Der Clos du Bourg links stammt aus der Domaine Huët.

Frage: Was ist der Unterschied zwischen diesen vier Flaschen? Antwort: mehr als 20 Mark!

Die vier Flaschen auf diesen Seiten repräsentieren die ganze Bandbreite der Weine der Loire. Der süße Vouvray links ist Weltklasse. Die drei Flaschen unten sind zwar bescheidenere Gewächse, aber deswegen nicht weniger köstliche Weine.

❶ ab DM 8,– / € 4,–

❷ ab DM 20,– / € 10,–

❸ ab DM 30,– / € 15,–

Beispiel eines Trinkweins:
Ein junger, süffiger Gamay aus der Touraine ist der eigentliche rote Trinkwein der Loire.
Er schmeckt köstlich zu einfachen Alltagsgerichten. Mehr dazu: Seite 42f.

Beispiel eines Lagerweins:
Ein köstlicher Sancerre, er kann über 6 Jahre lagern.
Fein zu Fisch und Käse. Mehr dazu: Seite 48f.

Beispiel eines Süßweins:
Ein süßer Coteaux du Layon.
Er wird zu Kuchen und Gebäck serviert, sowie zu Pasteten.
Mehr dazu: Seite 40f.

Die weißen Sorten der Loire: Chenin & Co.

Chenin blanc ist die unbestrittene Königin der Loire. Nirgendwo sonst ergibt sie so eigenwillige, großartige Resultate. Doch sie ist eine Königin mit Temperament und Charakter, denn die Chenin-Traube ist weniger pflegeleicht als modische Sorten wie Sauvignon blanc oder Chardonnay, die heute weltweit Erfolge feiern.

Chenin blanc, an der Loire seit dem 9. Jahrhundert angebaut, besitzt zwar einen ausgeprägten Sortencharakter; dieser hat aber nie den reinen Ausdruck eines Sauvignon oder eines Chardonnay.

Chenin blanc

Diese Rebsorte ist die klassische Weißweintraube der Loire. Junge Weine duften nach Äpfeln und Zitrusfrüchten, in der Übergangsphase entwickeln sich muffige Aromen. Reife Weine entwickeln Noten von Melone und Honig.

Jungwein aus Chenin blanc duftet nach Apfel und Zitrusfrüchten. Nach ein paar Monaten und in den ersten Jahren nach der Ernte aber beginnt er mitunter penetrant nach Schweiß, feuchtem Stroh und Unkraut zu riechen, nach Bachgraben und muffigem Keller. Dafür entwickelt er nach zehn, zwanzig Jahren der Kellerruhe eine geradezu unglaubliche aromatische Vielfalt. Noten von Melonenkonfitüre und Honig sind ihm dann eigen, von Weißdornblüten und Farn. Im Alter von dreißig, vierzig Jahren gesellt sich dazu ein Hauch von weißem Trüffel.

Die ausgesprochene Alterungsfähigkeit ist ein weiteres Attribut dieser Sorte. Dies hat sie ihrem Säurereichtum zu verdanken, der auch in den heißesten Jahren und bei spätester Lese erhalten bleibt. In den großen Weinen der Appellationen Coteaux du Layon, Savennières, Vouvray und Bonnezeaux findet die Sorte Chenin zu ihrem Höhepunkt. Die meisten Flaschen sind leider oft schon getrunken, bevor sie ihre volle Trinkreife erreichen!

Glanz und Elend liegen bei der Chenin-Traube dicht beieinander. Ob ein Vouvray etwa knockentrocken, lieblich, süß oder edelsüß in die fertige Flasche kommt, entscheiden Jahresklima und die Sorte allein. Der Weinmacher kann nur vollenden, was Natur und Sorte eingeleitet haben.

Sauvignon blanc

Sauvignon blanc ist die wichtigste Weißweinsorte der Anbaugebiete von Pouilly-Fumé und Sancerre, aber auch der weniger bekannten Appellationen wie Menetou-Salon, Quincy und Reuilly. Weine aus Sauvignon geraten rassig und frisch, sie können jung getrunken, aber auch ein paar Jahre gelagert werden. Aromen von Jasmin, Ginster, Akazie und Zitrusfrüchten sind ihnen eigen, aber auch von Feuerstein und Rauch.

Fruchtbetont, geschmeidig und füllig geraten die Weine, die auf den »terres blanches« genannten, weißen Böden aus Lehm und Kalk geerntet werden; schlank und fein die Säfte, die von den Kiesböden stammen; rassig, mineralisch und lang die Tropfen, die auf den siliziumhaltigen Böden reifen.

In der Touraine ergibt Sauvignon blanc besonders liebenswerte, frische Weißweine, die meist markante Aromen von Fenchel, Zitrusfrüchten und weißen Blüten besitzen.

Die Sorte Gros plant oder Folle blanche ergibt in der gleichen Gegend einen säuerlichen Wein ohne AOC, der früher als Grundwein für die Destillation diente. Ihre Anbaufläche beträgt heute weniger als 3 000 ha.

Melon de Bourgogne

Melon de Bourgogne ist die vorherrschende weiße Sorte des Muscadet-Gebietes. Sie dürfte, wie ihr Name sagt, ursprünglich aus Burgund stammen. Der daraus gekelterte Weißwein ist lebhaft und erfrischend, besitzt wenig Säure und wenig Alkohol. Um ihm die Spritzigkeit zu bewahren, wird er meist als »Muscadet sur lie« auf der Hefe belassen.

Die beiden Cabernets

Cabernet franc, in der Loire auch »Breton« genannt, stammt ursprünglich aus Bordeaux. Dort findet er immer nur im Mischsatz mit Merlot oder Cabernet Sauvignon Verwendung. An der Loire wird er jedoch reinsortig ausgebaut. Je nach Lage liefert er hier fruchtige, kernige Weine oder robuste Tropfen mit herber Struktur und spürbarer Säure; Weine, die mitunter auch etwas rustikal ausfallen. Sie halten sich ein paar Jahre, machen aber jung getrunken fast mehr Freude. Einmal gealtert, wirken sie oftmals dünn und verfallen.

Weine aus Cabernet franc passen hervorragend zu der einfachen, ländlichen Küche der Region, zu Wurstwaren und deftigen Gerichten vom Schwein. Den besten

Cabernet franc

Diese Rebsorte ist die klassische Rotweintraube der Loire. Sie ergibt je nach Lage leichte, fruchtige oder kräftige, kernige Weine, immer mit einer deutlichen Säure.

Ruf haben die Weine aus Chinon, während jene aus Bourgeuil, Saint-Nicolas-de-Bourgeuil, Saumur, Saumur-Champigny und Anjou eher als gute und preiswerte Tafelweine gelten. Oft erlebt man aber gerade mit einem dieser Tropfen eine positive Überraschung, besonders seit ein paar jüngere Winzer sich vermehrt der Qualität verschreiben.

Cabernet Sauvignon

Die Schwestersorte Cabernet Sauvignon, in Bordeaux eine »Alteingesessene«, wird an der Loire nur sehr selten angebaut. Sie reift hier meist nur unvollkommen aus und bringt höchstens im Verschnitt mit anderen Sorten ein nennenswertes Resultat. Im besten Fall duften Weine aus Cabernet Sauvignon besonders verführerisch nach roten Johannisbeeren, wenn die Trauben unreif geerntet wurden, leider nach frisch geschnittenem Gras und grünem Paprika.

Gamay

Gamay ist nicht nur im Beaujolais zu Hause, sondern bringt auch im Loiretal hervorragende Resultate. Wie der Beaujolais wird diese Sorte manchmal zu jung zu konsumierendem, so genanntem Primeur verarbeitet. Die Gamay-Traube eignet sich gut für den Verschnitt mit anderen Sorten, insbesondere mit Cabernet franc. In den Appellationen Touraine und Anjou ist er nur mäßig vertreten, dafür wird er besonders gerne in den Coteaux d'Ancenis und den Coteaux du Giennois angebaut. Seinen lokalen Namen »Breton« verdankt Cabernet franc einem Geistlichen namens Breton, der im Dienste des Kardinals Richelieu stand, der die Sorte einer Legende zufolge als Erster in seinem Rebgarten pflanzte. Der Dichter Rabelais erwähnt sie jedoch bereits über 100 Jahre früher.

Weitere rote Sorten

Weitere rote Sorten sind Grolleau oder Grollot, der eher minderwertige Rotweine ergibt, die alte Bordeaux-Sorte Cot oder Malbec, die für farbkräftige, etwas rustikale Weine sorgt, und Pinot noir, der vor allem in Sancerre angebaut wird.

Der Rebsorten-Spiegel der Loire

Chenin blanc 18 % (weiß)
Melon de Bourgogne 27% (weiß)
Sauvignon blanc 10 % (weiß)
Cabernet franc 28 % (rot)
andere Sorten 17 % (rot/weiß)

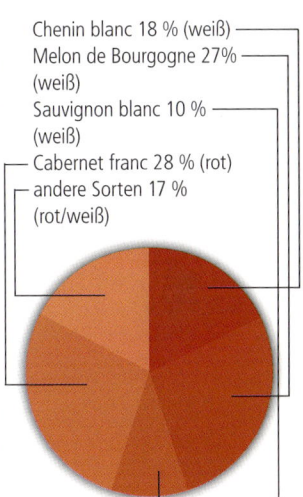

Die Vielfalt der Terroirs

»Terroir« ist ein französischer Ausdruck, der sich als Fachbegriff in der ganzen Weinwelt etabliert hat. Er umschreibt das Zusammenspiel von Mikroklima, Topographie und Bodenbeschaffenheit in einem Rebberg oder Anbaugebiet, also die natürlichen Gegebenheiten, mit denen die Reben zurechtkommen müssen.

Jede Rebsorte hat ihr bevorzugtes Terroir. Die idealen Symbiosen haben sich in den klassischen Rebgebieten oft über Jahrhunderte entwickelt. Sind Terroir und Traubensorte optimal aufeinander abgestimmt, so können gesunde, ausgereifte, aromatische Trauben geerntet werden – und sie wiederum sind die Voraussetzung für guten Wein.

An den Ufern der Loire gibt es eine Vielzahl von Böden: anstehendes Gestein wie Schiefer oder Gneis; an der Flussmündung Sand, an weiten Strecken des Flusslaufs groben Flusskies wie hier im Gebiet Anjou-Saumur.

Wetterscheide

Die französische Wettervorhersage bezeichnet die Loire als natürliche Grenze zwischen den klimatischen Gebieten des Nordens und des Südens. Der Flusslauf selber wiederum durchzieht zwei unterschiedliche Zonen. Die eine ist ozeanischen Einflüssen ausgesetzt, also einem milden und eher feuchten Klimaverlauf: Sie erstreckt sich im Westen von Nantes bis nach Blois. Die andere ist kontinentalen Einflüssen unterworfen: Es handelt sich um die Zone im Osten von Orléans bis Pouilly-sur-Loire.

Ein fleißiger Fluss

Seit der Urgeschichte hat die Loire ihr Tal in den Tuffkalk, Granit oder Gneis gewaschen und so die Hänge

gebildet, an denen heute Reben wachsen. Sie hat aber auch ihr Reisegepäck aus dem Gebirge des Zentralmassivs auf die Region verteilt, ein Gemisch aus Sand, Kalk und Kies über alle Weinbaugebiete ausgestreut. Im Gebiet der Mündung um Nantes herrschen daher Gneis, Sand und Granitböden vor, während im Anjou blauschwarze Böden aus Sandstein, Schiefer und Granit die Regel sind. Häufig sind hier auch Böden aus vulkanischem Basalt, der sich am Tage mit Sonnenwärme auflädt und sie in der Nacht wieder abgibt, gleichsam als natürliche Hilfe für optimale Traubenreife.

In Pouilly und Sancerre, ähnlich wie in Chablis und dem Zentrum der Touraine, besteht der Boden aus einer dicken Schicht aus weichem Tuff, in die der Mensch seine Behausungen gegraben und Stollen getrieben hat, um Baumaterial für Schlösser und Kathedralen zu gewinnen. In diesen mageren Tuff treibt auch die Rebe ihre Wurzeln. Sie findet nur mäßig Nahrung, produziert deshalb nur wenig, aber gut, was einer gemächlichen, aber vollständigen Traubenreife förderlich ist.

Am Oberlauf der Loire wachsen die Sauvignon-blanc-Reben auf besonders steinigem Untergrund: Kalkböden bei Sancerre.

Weniger Trauben, besserer Wein

Will man Spitzenweine erzeugen, müssen die Trauben voll ausreifen können und ein ausgewogenes Verhältnis zwischen Zuckergehalt und Säure aufweisen. Dafür müssen sie zum genau richtigen Zeitpunkt – und das heißt, oft auf den Tag genau – gelesen werden.

Um diese optimale Reife überhaupt erlangen zu können, müssen die Reben im Ertrag gezügelt werden. Das beginnt schon bei der Wahl der Klone und Unterlagsreben, auf welche die Reiser gepfropft werden. Starkwüchsige Unterlagen und ertragreiche Klone sind zu vermeiden, will man in einer klimatischen Randzone wie der Loire gute Weine ernten.

Weniger ist mehr

Jede Region der Loire hat ihre eigenen Anbauvorschriften und Methoden. Überall aber sind die Erträge pro Hektar beschränkt. Die Reben sind heute fast durchweg auf Draht gezogen. So lassen sie sich besser maschinell bearbeiten, was angesichts der mäßigen

Klon

Aus ungeschlechtlicher (vegetativer) Vermehrung entstandener Nachkomme eines Lebewesens, im Falle einer Pflanze ein Schössling oder Ableger. Klone haben dieselbe Erbmasse und dieselben Eigenschaften wie die Ursprungspflanze.

Nach wie vor ist die Lese von Hand die sorgfältigste Form der Ernte.

Preise, den die Weine erzielen, in vielen Gebieten unumgänglich ist. Immerhin ist ein Trend zurück zur aufwendigeren und teureren Lese von Hand zu verzeichnen. Diese Handarbeit ist unerlässlich, wenn es um die Ernte von Weinen zur Produktion edelsüßer Spätlesen geht: Hierfür muss in mehreren Durchgängen gelesen werden, Traube für Traube und manchmal gar Beere für Beere.

Ökologischer Anbau ist im Kommen

Chemische Unkrautbekämpfung, wie sie besonders zu Beginn der Achtzigerjahre in Mode kam, ist mehr und mehr verpönt. Man besinnt sich wieder auf naturnahen Anbau. In klimatisch guten Jahrgängen ist dies auch problemlos möglich. Seit sich auf diese Weise erzeugte Weine gut absetzen lassen, wird der ökologische Weinbau in Frankreich auch von den Behörden gefördert. An der Loire sind einige wirkliche Pioniere des ökologischen Anbaus zu Hause, Nicolas Joly (La Coulée de Serrant) oder Gaston Huët (Vouvray), zwei Anhänger des biodynamischen Anbaus nach Rudolf Steiner, aber auch eine ganze Anzahl weniger bekannter Güter, die im Einklang mit der Natur wirtschaften – wie Château Gaillard in der Appellation Touraine. Während sich Bordeaux durch ausgedehnte Güter und Burgund durch winzige Betriebe auszeichnen, besitzt die Loire Weingüter von kleiner bis mittlerer Größe. Eine 30 bis 40 Hektar große Domaine wird bereits als ein bedeutender Betrieb bezeichnet. Viele Winzer bestellen Parzellen von unter 10 Hektar. Einige bauen ihren Wein selbst aus und füllen ihn auch selbst ab. Andere wiederum beliefern Handelshäuser oder sind einer Genossenschaft angeschlossen, besonders diejenigen, die in Saumur, der Touraine und im Pays Nantais zu Hause sind.

Nicolas Joly vom Weingut La Contée de Serrat erzeugt einen der besten Weißweine der Welt – streng nach biodynamischen Richtlinien.

Keltern zwischen zwei Welten

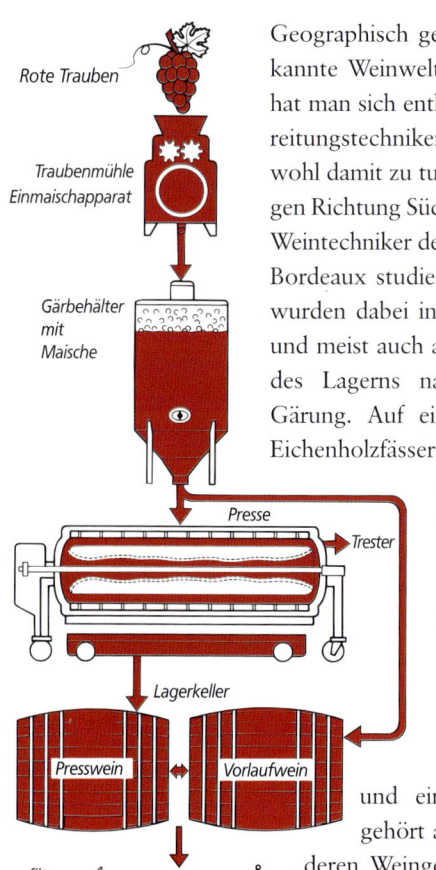

Rote Trauben

Traubenmühle
Einmaischapparat

Gärbehälter
mit
Maische

Presse

Trester

Lagerkeller

Presswein

Vorlaufwein

filtern
oder
klären

Abfüllanlage

Geographisch gesehen verbindet die Loire zwei bekannte Weinwelten: Bordeaux und Burgund. Lange hat man sich entlang des Weinflusses an den Weinbereitungstechniken in Bordeaux orientiert. Ob dies wohl damit zu tun hatte, dass die Verkehrsverbindungen Richtung Südwesten einfach besser waren und die Weintechniker der Loire häufig an der Universität von Bordeaux studierten? Die Weine, ob rot oder weiß, wurden dabei in geschlossenen Stahltanks gekeltert und meist auch ausgebaut – so nennt man die Phase des Lagerns nach abgeschlossener alkoholischer Gärung. Auf einen Ausbau in Barriques, kleinen Eichenholzfässern, verzichtete man allerdings. Man setzte höchstens uralte große Holzfässer ein, die noch vom Großvater stammten.

Neue Techniken

Das hat sich in den letzten Jahren geändert. Eine neue Generation von Winzern steht im Keller, hat ein ganz neues Selbstverständnis entwickelt und ein höheres Selbstwertgefühl. Dazu gehört als Erstes, dass man sich auch in anderen Weingebieten umschaut, deren Techniken studiert und vielleicht auf die eigenen Weine anwendet. Mehr und mehr Winzer geben daher ihre *Maische,* also die in der *Traubenmühle* vorgequetschten Beeren, in einen offenen *Tank,* treten die Trauben vielleicht fleißig mit den Füßen (Pigeage) und lassen den Wein so auf »alte Art« vergären. Anschließend läuft der *Vorlaufwein* direkt in Lagerfässer, der Rest der *Maische* wird gepresst und der

26

weniger wertvolle *Presswein* getrennt gelagert. Immer mehr Winzer verwenden Eichenfässer aus relativ neuem Holz. Dafür decken sie sich in den großen Châteaux von Bordeaux ein. Vor dem *Abfüllen* wird der Wein *filtriert* oder *geklärt,* in dem man die Schwebeteilchen sich setzen lässt.

Die Verwendung von Neuholz ist eher umstritten, zumindest für die Rotweinproduktion. Neue Fässer verleihen den Loire-Rotweinen einen Geschmack nach Kaffee und Karamell, der einfach nicht so recht zu ihrer so raubeinigen Art passen will, und die ist es ja gerade, die sie so sympathisch macht.

An neuen Techniken orientiert man sich mehr und mehr auch beim Keltern der trockenen und der edelsüßen weißen Weine, deren frisch abgepresster Saft ins kleine Barrique kommt und dort langsam und gemächlich vergärt.

Die »Crémant« genannten Schaumweine der Loire hingegen werden gemäß der »Methode traditionnelle« produziert, machen also, wie Champagner, eine zweite Gärung in der Flasche durch (vergleiche Vinoteca-Band Champagner).

Das Schema links zeigt die Gärführung der roten Loireweine, wie sie immer noch am verbreitetsten ist. Der Ausbau erfolgt entweder in der Barrique oder im Tank. Anstelle des geschlossenen Gärtanks tritt neu ein offener Tank, der die Kohlensäure entweichen lässt. Die Maischedauer ist selten länger als sechs bis acht Tage.

Alte Tradition und Moderne

Es gibt an der Loire Winzer, die mit archaisch anmutenden Holzkeltern pressen.

Modernste Edelstahltanks für temperaturgesteuerte kühle Vergärung.

Dieser Fasskeller bei Chinon wurde von Hand in den Tuffstein gehauen.

Von Appellationen und Deklarationen

Frankreich kennt das wohl strengste Keltergesetz der Welt. Die nationale Weinbehörde wacht dabei peinlich genau über die Einhaltung der europäischen, staat-

lichen oder regionalen Richtlinien, unterstützt von der »Repression des fraudes«, einer Art Wirtschaftspolizei, die darüber wacht, dass alles mit rechten Dingen zugeht.

Rund 400 französische Weingebiete kommen in den Genuss der so genannten »Appellation d'Origine Contrôlée« (AOC), der Bezeichnung für kontrollierten Ursprung. Dieses Siegel garantiert nicht nur, dass die Weine, die es tragen, auch wirklich genau aus der Region stammen, die auf dem Etikett vermerkt ist, sondern auch, dass es sich um einen Qualitätswein handelt, der von Reben stammt, deren Erträge ein gewisses Maß nicht überschreiten dürfen.

Ein Märchenschloss wie aus dem Bilderbuch: Château du Nozet ist der bedeutendste Erzeuger von Pouilly-Fumé. Baron Patrick de Ladoucette ist der Chef des Familienunternehmens.

Der traditionelle Stil der Loire-Etiketten

Manche mögen wohl lächeln über die immer etwas altmodisch anmutenden Etiketten vieler Weine von der Loire. Doch hier ist man eben Winzer vom Vater auf den Sohn und das Etikett ist ein Teil der Familientradition. Ob ein Wein vom Etikett her gesehen aus einem noblen »Château« stammt oder von einer einfachen »Domaine«, hat keinen Einfluss auf seine Qualität.

Das Lesen eines Loire-Etiketts

Was auf einem Etikett stehen darf, regelt heute die Europäische Union sehr streng:

❶ Der Weinname, die Marke: Weinchâteaux sind an der Loire in der Minderheit. Häufig stammen die Weine von einem »Clos«, was eigentlich eine von Mauern umgrenzte Parzelle bedeutet, oder einer »Domaine«, einem Weinbaubetrieb. »Château« ist an der Loire einzig ein historischer Begriff und deutet darauf hin, dass der Weinbaubetrieb irgendwann in seiner Geschichte in adeligen Händen war, was aber keinen Einfluss auf die Qualität hat.

❷ Der Produzent: Diese Aufschrift an dieser Stelle ist möglich, aber kein Muss. Hier könnte auch der Name eines Châteaus oder des Weines stehen. Im vorliegenden Fall signiert der Winzer die Flasche mit seinem Namen.

❸ Die Herkunft: Der Wein darf ausschließlich aus den Rebbergen der genau umgrenzten Herkunftsgemeinde oder Unterregion stammen, im vorliegenden Falle also aus den Gemeinden, welche die Appellation St-Nicolas-de-Bourgueil tragen dürfen.

❹ Jahrgang (auf dem Etikett oben nicht angegeben): Der Jahrgang steht oft auf dem Halsetikett. Er bezeugt, dass der Flascheninhalt ausschließlich aus der Ernte des betreffenden Jahres gekeltert wurde. Zusätze von Weinen anderer Jahrgänge, auch in kleinen Mengen, sind verboten.

❺ Mise en bouteille au Domaine: Domänenabfüllung. Der betreffende Wein wurde im Erzeugergut auf Flaschen gefüllt.

❻ Name und Adresse des Besitzers des Gutes: Diese Erwähnung ist obligatorisch. Fehlt sie oder ist sie verstümmelt, ist Misstrauen angesagt.

❼ Angabe des Alkoholgrades: Seit 1988 vorgeschrieben.

❽ Mengenangabe: Seit 1979 vorgeschrieben.

Die Launen der Natur

Die Launen der Natur balanciert man in vielen Gebieten der Loire damit aus, dass man sich darauf einstellt: Je nach Jahr keltert man einfach einen anderen Typ Wein – einen halbsüßen oder trockenen Weißen, wenn die Sonne nicht dafür ausreicht, Trauben für Süßweine reifen zu lassen. Oder einen leichten roten Sommerwein, wenn es nicht möglich ist, einen großen roten Lagerwein zu bereiten. Die Loire bildet klimatisch die Grenze zwischen Süd und Nord, den Reben drohen folglich jahraus, jahrein die Unbilden der Witterung. Aufgrund dieses Vorgehens wirkt sich der Jahresverlauf weniger auf die absolute Qualität der Weine aus als vielmehr auf ihren Stil. Weine aus klimatisch schwierigeren Jahren wird man einfach früher trinken als solche aus sonnenverwöhnten Jahren.

In guten Jahren liefert die Sorte Chenin blanc opulente Süßweine, in weniger sonnenverwöhnten spritzige Weißweine mit frischer Säure.

Welcher Wein hält wie lange?

Ein Muscadet aus Nantes ist in den ersten beiden Jahren nach der Ernte zu trinken. Die meisten Weiß- und Rotweine schmecken ab dem dritten Jahr und sollten nicht länger als fünf, sechs Jahre gelagert werden. Natürlich halten die Rotweine aus Chinon auch zehn oder zwölf Jahre. Wirklich gut schmecken sie aber in ihrer Jugend. Süße und halbsüße Weine konsumiert man besser gereift, also etwa ab ihrem achten Jahr nach der Ernte. Ein trockener Vouvray oder Montlouis schmeckt nur in wenigen Fällen jung. Man öffne ihn besser nicht vor dem 12. Jahr nach der Ernte und lagere ihn so lang man will – er schmeckt auch noch nach 50 Jahren Kellerruhe! Die Weißweine aus Pouilly und Sancerre machen schon jung getrunken Freude. Große Jahre wie 1989 oder 1990 schmecken aber auch nach zehn Jahren noch erstaunlich jugendlich.

Die Weinreife-Tabelle für höchsten Weingenuss

Jahr	Muscadet	rot Touraine/Anjou/Samur	weiß Layon, Anjou, süß	weiß Touraine/Anjou, trocken	rot Chinon, St-Nicolas	weiß Montlouis/Vouvray	Sancerre/Pouilly
1998	★	→	→	→	→	→	→
1997	↘	↗	↗	↗	↗	→	↗
1996	↘	★	★	★	↗	→	↗
1995	○	★	★	★	★	↗	★
1994	○	↘	★	↘	★	↗	★
1993	○	↘	★	↘	★	↗	★
1992	○	↘	↘	↘	↘	★	↘
1991	○	↘	↘	↘	↘	★	↘
1990	○	↘	★	○	★	★	★
1989	○	↘	★	○	★	★	★
1988	○	↘	★	○	↘	↗	↘

Zur Qualität der Jahrgänge:
- ▨ = hervorragend
- ▨ = gut
- ▨ = mäßig

Legende:
- → noch sehr jung, reifen lassen
- ↗ am Anfang der Trinkreife, kann noch besser werden
- ★ auf dem Höhepunkt, trinken
- ↘ Zenit überschritten, austrinken
- ○ verpasst, wäre besser schon getrunken

Die Weinjahre an der Loire ab 1988

Weine dieser Jahrgänge sind (teilweise) noch im Handel.

1998 Klassischer Jahrgang, besonders terroirtypische, fruchtige, viel versprechende Jungweine.

1997 Spitzenrotweine und ausgezeichnete trockene und edelsüße Weiße. Gut alterungsfähige Sauvignons blanc.

1996 Mehrheitlich gut gelungene, konzentrierte und ausgewogene Weine.

1995 Gute Weine in praktisch allen Lagen. Rotweine mit tiefer Farbe und großzügiger Frucht. Hervorragende Cabernets und klassische Chenin. Wunderbare edelsüße Weine.

1994 Schwieriges Jahr. Relativ gute Ergebnisse im frostgeschützten Saumur-Champigny und Sancerre. Konzentrierte Süßweine aus der Chenin-Traube in Anjou.

1993 Ein typischer Loire-Jahrgang. Tieffarbene, tanninreiche Cabernets. Sehr guter Chinon. Weine mit viel Konzentration und Struktur.

1992 Regenreiches Jahr. Nur die besten Winzer haben gut gekeltert.

1991 Schwieriges Jahr. Viel Durchschnittliches, wenig Ausgezeichnetes.

1990 Perfekte, warme Witterung mit vereinzelten Regenfällen. Hervorragende Weine überall an der Loire. Gute rote Cabernets, viel Botrytis bei der Chenin-Traube in Anjou, gute, aber kleine Ernte in Sancerre und Pouilly.

1989 Gilt als Jahrhundertjahrgang. Die früheste Ernte seit 1893. Ausgezeichnete Chenin-Weine. Untypisch für die Loire: alkoholreiche Weine mit geringer Säure. Allgemein sehr aromatische, gut strukturierte Weine.

1988 Der Erste von drei Spitzenjahrgängen. Sehr ausgewogene Weine mit lebendiger Säure. Klassische, elegante Loire-Weine. Hervorragende Sauvignons in Sancerre.

Die Weintypen der Loire

Ob man einen süffigen Muscadet aus Nantes wählt, einen herben, nach Rauch duftenden Pouilly-Fumé, einen fruchtigen roten Alltagswein aus Chinon oder gar einen edelsüßen Vouvray – entlang der Loire findet jeder seinen Wein.

Mit einer einfachen Symbolik weist die Vinoteca den Weg zum Wein, den Sie suchen. Stellen Sie die vier Fragen gemäß S. 16. Die Symbole mit den Beschreibungen geben die Antworten. Die Sterne für die Qualität werden aufgrund der entscheidenden Faktoren, Rebsorte, Terroir, Jahrgang und Winzer (S. 14f.), vergeben.

Die Vinoteca-Symbole zur Weinbeurteilung

Die Qualität

★	für einen guten Alltagswein
★★	für einen feinen Sonntagswein
★★★	für einen prächtigen Festtagswein
★★★★	für einen grandiosen Paradewein
★★★★★	für einen Weltklasse-Wein

Qualität

Der Weintyp / Geschmack

♟	Rotwein
♟	Roséwein
♟	Weißwein

Weintyp/Geschmack

◠	**Ideale Gerichte zu diesem Wein**

Speise-Empfehlung

Lagerfähigkeit

▮	Trinkwein
▬	Lagerwein

Lagerfähigkeit

Die Preiskategorien

❶	unter DM 10,– / € 5,–
❷	DM 10,– bis 20,– / € 5,– bis 10,–
❸	DM 21,– bis 30,– / € 10,– bis 15,–
❹	DM 31,– bis 50,– / € 15,– bis 25,–
❺	über DM 50,– / € 25,–

Preiskategorie

Links: Ob rot oder weiß – bei Loire-Weinen gibt es nichts zu meckern.

Überblick über die Weinzonen und Appellationen der Loire

Muscadet (S. 36f.):
Muscadet de Sèvre-et-Maine, Muscadet des
Coteaux de la Loire, Muscadet d'Ancenis,
Muscadet Côtes de Grandlieu, Muscadet sur lie
- ♀ bekömmliche, säuerliche Weißweine
- ➤ zu Fisch und Meeresfrüchten
- ♦ jung zu trinken
- ❶ untere Preisklasse

Anjou-Saumur (S. 38f.):
Anjou weiß, Saumur weiß
- ♀ trockene, ausgewogene Weißweine
- ➤ für alle Gelegenheiten
- ━ höchstens 6 Jahre lagern
- ❶–❷ mittlere Preisklasse

Savennières, Savennières Roche-aux-Moines,
Savennières Coulée-de-Serrant (S. 40f.)
- ♀ trockene Weißweine der Spitzenklasse
- ➤ zu Fischgerichten der großen Küche, Ziegenkäse
- ━ bis zu 10 Jahren lagerfähig
- ❸–❺ mittlere bis obere Preisklasse

Quarts de Chaume, Bonnezeaux,
Coteaux de l'Aubance, Anjou-Coteaux de la Loire,
Coteaux du Layon, Coteaux de Saumur (S. 40f.)
- ♀ süße oder halbsüße Weine, einfach bis Weltklasse
- ➤ zu Pasteten, Geflügel, Käse, Früchtekuchen
- ━ über 10 Jahre lagerfähig
- ❶–❺ untere bis oberste Preisklasse

Cabernet d'Anjou, Rosé d'Anjou (S. 38f.)
- ♀ trockener oder leicht süßer Rosé
- ➤ Sommerwein für alle Gelegenheiten
- ♦ jung zu trinken
- ❶ unterste Preisklasse

Anjou rouge, Saumur rouge, Saumur-Champigny
- ♀ bekömmliche, leichte bis herbe Rotweine
- ➤ Alltagsküche, deftige Eintopfgerichte
- ━ bis 4 Jahre lagerfähig
- ❶–❸ untere bis mittlere Preisklasse

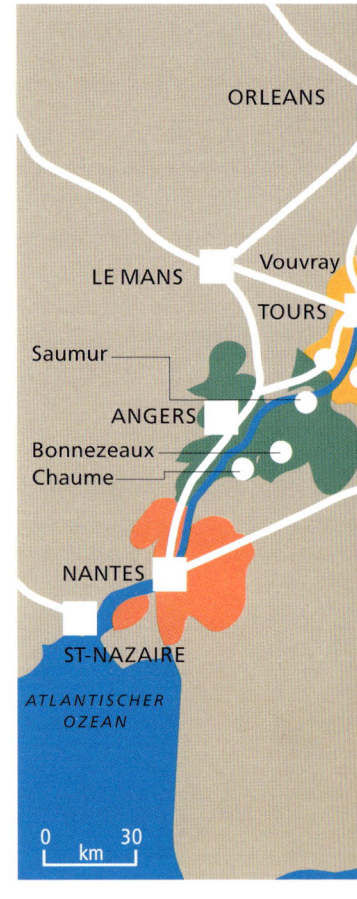

ORLEANS

LE MANS

TOURS

Vouvray

Saumur

ANGERS

Bonnezeaux

Chaume

NANTES

ST-NAZAIRE

ATLANTISCHER OZEAN

0   30
  km

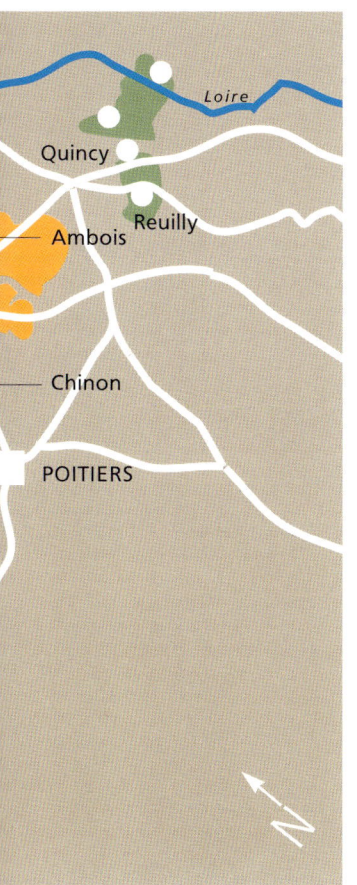

Touraine (S. 44f.),:
Bourgueil, Saint-Nicolas-de-Bourgueil, Chinon

- ♀ fruchtige bis herbe, kantige Rotweine
- ⊃ zu Alltagsküche, Gerichten in Weinsauce
- ➥ höchstens 8 Jahre lagern
- ❶–❹ untere bis mittlere Preisklasse

Saumur brut (S. 38f.)

- ♀ herber, trockener Schaumwein
- ⊃ Schaumwein für alle Gelegenheiten
- ♦ jung zu trinken
- ❷–❸ mittlere Preisklasse

Vouvray, Montlouis (S. 46f.)

- ♀ trockene (sec), halbsüße (demi-sec) oder süße (moelleux) Weißweine, trockene Schaumweine (brut)
- ⊃ für vielerlei Gelegenheiten
- ➥ von großer Alterungsfähigkeit
- ❷–❺ mittlere bis oberste Preisklasse

Touraine: Touraine Mesland, Touraine-Amboise, Touraine Azey-le-Rideau, Touraine-Gamay, Touraine-Sauvignon (S. 42f.)

- ♀♀♀ die ganze Palette von Weinen jeder Farbe
- ⊃ für jeden Tag
- ♦➥ bis 2 Jahre am besten
- ❶–❷ untere Preisklasse

Obere Loire (S. 48):
Reuilly, Quincy, Sancerre, Pouilly-Fumé, Menetou-Salon

- ♀♀♀ einfache bis großartige trockene Weißweine aus Sauvignon, rare Rotweine und Rosé aus Pinot noir
- ⊃ für den Alltag und fürs Fest
- ♦➥ jung zu trinken oder zu lagern
- ❷–❺ mittlere bis obere Preisklasse

Pouilly-sur-Loire (S. 48f.)

- ♀ trockene, weiße Rarität aus der Chasselas-Traube
- ⊃ als Aperitif und zum Umtrunk
- ♦ jung zu trinken
- ❶–❷ unterste Preisklasse

Pays Nantais, Land des Muscadet

In Atlantiknähe sind die Farben verwaschen und Natur, Mensch und Wein launisch, raubeinig und wettergegerbt. Im Reiseparadies Frankreich wird dieses Sankt Nimmerleinsland bedauerlicherweise immer wieder links liegen gelassen und mit ihm seine säuerlichen, herben Weine. Zwischen den zwei Flüssen Sèvre Nantaise und Maine sind die Rebgärten mit den Sorten Grollot, Gros Plant und Melon de Bourgogne bestockt – Anrecht auf eine Appellation hat aber nur Letztere. Sozusagen als Strandgut wurde sie einst aus dem fernen Burgund herangetragen, wo die Winzer sie wegen ihrer herben Art verschmähten. Über alle Wirren und Krisen hinweg hielten ihr die Nantaiser die Treue. Warum die Weinhändler aus Nantes ihn Muscadet tauften, weiß heute niemand mehr. Vielleicht wollten sie umschreiben, wie ihr Wein aufzunehmen sei: muskatellerfrisch und ungestüm, spritzig, belebend und bekömmlich. Rasch wurde der Muscadet zum Liebling der Pariser Cabarets, der Kneipen und Brasserien, wurde becherweise über den Tresen geschoben, erfreute Fuhrleute und Kurtisanen gleichermaßen.

Innenansicht eines leeren Fasses: Die Hefe (»lie«) hat sich gesenkt.

Heute produzieren 2000 Winzer auf der insgesamt 13 000 Hektar großen Anbaufläche rund 750 000 Hektoliter Wein unter den vier verschiedenen Muscadet-Appellationen (Muscadet, Muscadet des Coteaux de la Loire, Muscadet de Sèvre-et-Maine und Muscadet Côtes de Grandlieu), die allerdings nur Eingeweihte wirklich interessieren. Der herbe, granit-kühle Wein mit großer Frische, der Spritzigkeit knackiger Äpfel und der Würze gesäuerten Brotes schmeckt ausgezeichnet zu fetter Makrele oder kräftigen Sardinen, die man über Rebholz grillt. Aber auch Austern, Aal, Thunfisch und Dorsch vermählen sich bestens mit ihm.

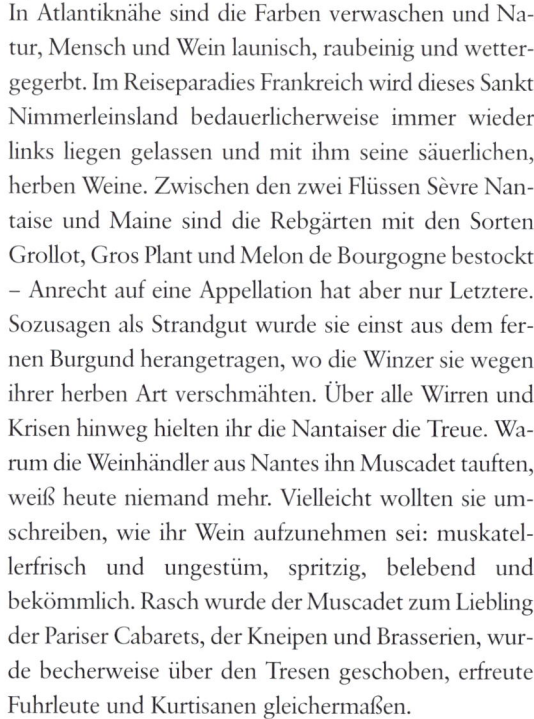

Muscadet sur lie

Einige Muscadets tragen die besondere Bezeichnung »sur lie«, auf der Hefe ausgebaut. Der Muscadet sur lie ist eine Tradition aus uralten Zeiten. Die Hefen vergären den Zucker zu Alkohol und bilden dabei Kohlensäure. Diese Kohlensäure entweicht normalerweise aus dem Wein. Nicht so beim Muscadet sur lie: Man will das

Das Pays Nantais, die Region um die Hafenstadt Nantes, ist das Reich des Muscadet. Er ist ein idealer Begleiter von Austern und Meeresfrüchten.

natürlich entstehende Gas und damit die frischen Aromen des jungen Weins bewahren. Nach Absinken der Hefeteile auf den Fassboden wird der Muscadet sur lie im Frühjahr nach der Ernte direkt vom Fass oder Tank auf die Flasche gezogen, natürlich, wie er ist, ungefiltert und ungeschönt. Ein guter Muscadet sur lie duftet dezent nach Blumen und Hefe. Er perlt leicht im Glas und ist frisch und prickelnd im Mund.

Muscadet sur lie wird am besten sehr jung getrunken, er übersteht zur Not aber auch ein bis zwei Jahre des Lagerns.

Wein-Typ	★	♀ 1	⊸ 2	🍶 ❶
Muscadet, Muscadet des Coteaux de la Loire, Muscadet de Sèvre-et-Maine, Muscadet Côtes de Grandlieu	★ – ★★	frisch, säuerlich, herb	einfache Gerichte aus Meeresfrüchten, frittierter Fisch, frische Austern	1–3 Jahre ❶– ❷
Muscadet sur lie	★ – ★★	leicht prickelnd, blumig, säuerlich	als Aperitif, zum Umtrunk, zu einfachen Fischgerichten	10 Monate ❶– ❷

1 trinkreife Jahrgänge: S. 31; 2 ideale Speisen zum Wein: S. 54

Anjou und Saumur

Anjou

Die Region, die dem berühmten, aber auch etwas berüchtigten Rosé den Namen gab, ist nach der Stadt Angers benannt, bei der die Flüsse Sarthe, Loir und Mayenne in die Loire münden.

Saumur-Champigny ist der Name für herbe Rotweine, die recht kräftig sein können.

Dieses Paradies der Gärtner, Kleinstädter und Provinzdörfler ist auch ein beachtliches Weinanbaugebiet: 27 verschiedene Appellationen zählt es insgesamt, 15 000 Hektar sind bestockt. Produziert wird so gut wie alles, was die Rebe hergibt: Rotweine, Rosé, trockene und edelsüße Weiße sowie ein Schaumwein, der dem Champagner nahe kommt. Das eigentliche Zentrum ist Angers, lärmige Großstadt und gleichzeitig erfrischend provinziell. Das Klima der Zone ist besonders ausgeglichen, gleichsam mild und süß wie ein Altweibersommertag. Ozeanische und kontinentale Einflüsse spielen vollendet zusammen und verhindern jeden Exzess, sowohl was die Temperatur als auch was die Niederschläge anbelangt. Besonders mild ist auch einer der wichtigsten Exportartikel des Anjoumois: der süße Rosé d'Anjou. Kenner rümpfen die Nase über diesen Wein, aber die Rentner in ganz Frankreich lieben ihn heiß und innig und er wird in beachtlichen Mengen produziert: Rosé d'Anjou und sein etwas edlerer Verwandter Cabernet d'Anjou bringen es zusammen immer noch auf 300 000 Hektoliter jährlich, fast die Hälfte der Gesamtproduktion der Region Anjou/ Saumur.

Jugendliche, frische Rotweine

Viele der leichten roten Anjou-Weine geben sich jung und frisch. Mit ihren an Holunder, Cassis und Himbeere erinnernden Aromen passen sie bestens zu Hausmannskost, aber auch zu bekömmlichen Speisen der modernen Küche und fast allen Gemüsen oder Käse. Leicht erkennbar sind die Weine durch den dezenten Duft nach Erdbeere und grünem Paprika. Die besten kommen als Anjou-Villages auf den Markt.

Die Bepflanzung nennenswerter Flächen mit roten Sorten, aus denen Rosé, später auch Rotwein erzeugt wurden, erfolgte erst im 20. Jahrhundert. Bis in das letzte Jahrhundert war die Gegend von Anjou das Paradies süßer und halbsüßer Weißweine (S. 40f.). Seit den Sechzigerjahren dieses Jahrhunderts keltert man zunehmend trockene Weiße. In Anjou, dessen Anbaugebiet sich über 168 Gemeinden und 1260 Hektar verteilt, nimmt der trockene Weißwein mittlerweile ein Drittel der Produktion ein, in Saumur fast die Hälfte. Unter der Bezeichnung Anjou und Saumur blanc findet sich daher manch Entdeckenswertes zu vernünftigem Preis. Auch die Schaumweine aus Saumur mit ihrer prächtigen Säure und ihrer herben Art können sich durchaus sehen lassen.

Gepflegte Weinberge bei Saumur.

Wein-Typ	★	🍷🍷🍷 ¹	🍽 ²	🍾	❶
Rosé d'Anjou	★	lachsrosa, süß, und bonbonartig, sehr kühl zu konsumieren	als Aperitif, zu Häppchen, zum Dessert	1 Jahr	❶
Cabernet d'Anjou	★	himbeerrosa, trocken, herb und fruchtig	Sommerwein, zum Picknick, zu Alltagsküche, zu italienischer Kost, Pizza	1 Jahr	❶–❷
Anjou rot, Anjou villages	★ – ★★★	fruchtig, ausgewogen, gefällig, bekömmlich	Alltagsküche	1–4 Jahre	❶–❷
Saumur/Saumur-Champigny	★ – ★★★★	krautige und herbe Rotweine, im besten Fall kräftig, eigenständig	kräftige Fleischspeisen, Gerichte vom Schwein	2–6 Jahre	❶–❸
Anjou und Saumur weiß	★ – ★★	ausgewogene, trockene oder halbtrockene Weißweine	Fisch, Geflügel, Ziegenkäse	1–2 Jahre oder 4–6 Jahre	❶–❷
Saumur brut	★ – ★★★	herb, frisch und saftig	Schaumwein für alle Gelegenheiten	trinkreif	❷–❸

¹ trinkreife Jahrgänge: S. 31; ² ideale Speisen zum Wein: S. 54

Die Spitzenweine aus dem Anjou

Layon ist der Name eines Flüsschens, das in Cléré, im Süden des Departements, entspringt und in die Loire mündet. An seinen Ufern wird seit mehr als 400 Jahren Wein angebaut. Das Klima eignet sich besonders gut für die Herstellung von süßen und edelsüßen Weißweinen. An heißen Nachmittagen gegen Ende des Sommers steigt die Feuchtigkeit vom Fluss in die umliegenden Rebberge auf und fördert dort die Entwicklung von Edelfäule, der so genannten Botrytis cinerea.

Süß, aber nicht pappig-süß

Diese Chenin-blanc-Beere ist von Botrytis cinerea befallen, dem Pilz, der die Edelfäule verursacht. Er perforiert die Beerenschale, die Beere verliert Wasser und schrumpft ein: Die Zuckerkonzentration erhöht sich. Von der Edelfäule befallene Trauben enthalten bis zur doppelten Menge Zucker. Die höheren Säurewerte verhindern, dass die Weine ölig und schwer wirken, und machen sie fast unbeschränkt haltbar.

Die Trauben werden in mehreren Durchgängen gelesen. Die schieferhaltigen Böden verleihen dem Wein einen besonderen, mineralischen Charakter. Jung entwickelt er Aromen von exotischen Früchten – Grapefruit, Banane, Aprikose, Pfirsich oder Birne, mit der Reife tendiert er zu Aromen von weißer Schokolade, Trüffel oder Honig.

Coteaux du Layon Chaumes und Beaulieu sind Unterappellationen des Herkunftsgebietes Coteaux du Layon. Wie bei ihren Nachbarn Bonnezeaux und Coteaux de l'Aubance werden hier Süßweine nach dem gleichen Prinzip produziert. Der Quarts de Chaumes ist der eigentliche König unter den Süßen der Loire – früher war er einzig den Edelleuten vorbehalten. Dieser rare und teure Tropfen gerät so fruchtig, dass er jung getrunken werden kann – im Alter von zwei bis drei Jahren. Oder aber man lässt ihn reifen – warte dann aber mindestens sechs Jahre, denn »zwischen den Altern« schmeckt er nicht.

Savennières ist einer der kleinsten Weinbezirke westlich von Anjou und einer der legendärsten. Die Weinberge liegen über 60 Hektar verstreut in einer schie-

Im Weinberg von Nicolas Joly setzt man seit der Umstellung auf biodynamischen Weinbau wieder Pferde zum Pflügen ein.

ferreichen und steilen Hügellandschaft. Mönche hatten hier bereits im 12. Jahrhundert die ersten Rebstöcke gepflanzt. In der Nähe des Dörfchens Savennières liegen zwei Mini-Appellationen, Coulée de Serrant (Alleinbesitz der Familie Joly) und La Roche aux Moines. Wegen ihrer einzigartigen Qualität sind die trockenen Weißweine dieser Zone, ausschließlich aus Chenin blanc gekeltert und besonders herb und fruchtig, speziell gesucht. Die Nachfrage ist groß, die Menge klein – daher sind sie teuer.

Wein-Typ	★	♀¹	➤²	▮▬³	ⓞ
Coteaux du Layon (Chaumes, Beaulieu)	★–★★★★★	edelsüß, von ausgewogen und bekömmlich bis ölig	Süßspeisen, Kuchen, Gänseleber, Käse	1–3 Jahre	❸–❺
Bonnezeaux, Coteaux de l'Aubance	★★–★★★★	edelsüß, meist ausgewogen und bekömmlich	Süßspeisen, Kuchen, Gänseleber, Käse	1–3 Jahre	❷–❹
Quarts de Chaumes	★★★★– ★★★★★	fruchtig, mineralisch, extrem elegant, zurückhaltende Süße	edler Aperitifwein, zu Häppchen, Weichkäse, feinen Früchtekuchen	1–4 Jahre	❹–❺
Savennières	★★★– ★★★★★	trocken, herb, mit Nerv und Biss	Fisch	jung	❸–❹
Coulée de Serrant, La Roche aux Moines	★★★★– ★★★★★	trocken, aromatisch, würzig, raffiniert	edle Fischspeisen, Geflügel	6–30 Jahre	❺

¹ trinkreife Jahrgänge: S. 31; ² ideale Speisen zum Wein: S. 54; ³ oder 20–50 Jahre

Touraine – Vielfalt über alles

Charles Perrault

* 1628 in Paris
† 1703 in Paris
Ein vielseitiger Schriftsteller, seit 1671 Mitglied der Académie française. Mit seinen »Histoires ou Contes du temps passé«, auch »Contes de ma mère l'Oye« genannt, die 1697 erschienen, begründete er die Märchen als literarische Gattung und beeinflusste die Brüder Grimm, die viele seiner Erzählungen in ihre Sammlung aufnahmen, so auch »La Belle au bois dormant«, unser Dornröschen.

650 klassifizierte Bauten gibt es in der Touraine. Allerdings sind es keine Weinbauschlösser wie in Bordeaux, sondern architektonische Meisterwerke aus der Renaissance und den nachfolgenden Perioden. Hier irgendwo wurde Dornröschen in hundertjährigen Schlaf versenkt und von seinem Prinz wach geküsst, hier hat sich der französische Adel Denkmäler gesetzt, die alljährlich von Millionen von Touristen bestaunt werden. Die Touraine ist eine Fundgrube, sowohl touristisch, kulturell, kulinarisch als auch für Weinliebhaber.

Weinbau seit römischer Zeit

Der Ursprung des Weinbaus geht zurück auf die Zeit römischer Besatzung. Im Mittelalter lieferte die Touraine reichlich Wein für den französischen Königshof. Ende des 19. Jahrhunderts war der Wein für die Bewohner der Touraine die wichtigste Einkommensquelle. Damals umfasste die Rebfläche 63 500 Hektar – heute sind es nur wenig mehr als 10 000 Hektar. 6000 Hektar gehören allein zur Appellation Touraine und ihren Unterappellationen Touraine-Amboise, Touraine-Azay-le-Rideau und Touraine-Mesland. Der Rest verteilt sich auf die so genannten »Crus« der Touraine: Chinon, Bourgueil, Saint-Nicolas-de-Bourgueil, Vouvray und Montlouis (S. 44f.).

Weine für jeden Geschmack

Die Dachappellation Touraine produziert eine ganze Palette höchst zugänglicher, einfacher und preisgünstiger Rot-, Weiß-

Prächtige Schlösser, wunderbare Weine – die Loire ist eine Reise wert. Im Bild: Château Chenonceaux.

und Roséweine sowie Schaumweine aus den klassischen Loire-Sorten Chenin blanc, Cabernet franc und Sauvignon. Angebaut wird ferner eine ganze Reihe anderer Sorten wie Pinot noir, Gamay, Malbec oder Chardonnay. Damit ist die Touraine eindeutig die vielfältigste Weinregion der Loire. Besonders empfehlenswert sind die weißen Sauvignon-de-Touraine-Weine: Es handelt

Touraine: Rebstöcke, soweit das Auge reicht.

sich um besonders frische, herbe, lebhafte Weine, die sogar einen meist doppelt so teuren weißen Bordeaux das Fürchten lehren können. Ausgezeichnet auch der rote Gamay, ein süffiger, fruchtiger Rotwein im Stil eines Beaujolais, der buchstäblich für alle Gelegenheiten geeignet ist. Viele Touraine-Weine tragen im Übrigen den Namen der Rebsorte, aus der sie gekeltert sind, auf dem Etikett. Touraine-Amboise und Touraine-Mesland sind zwei regionale Untergebiete, die ähnliche Weine keltern wie die Dachappellation Touraine. Die Appellation Touraine Azay-le-Rideau hingegen produziert fruchtige Weißweine aus Chenin und einen kräftigen Rosé aus der einheimischen Sorte Grolleau.

Entdeckungen im Angebot

Die Weine der Touraine haben es ziemlich schwer, über die eigenen Grenzen hinaus bekannt zu werden. Das ist bedauerlich, denn wer französische Weine mag, findet in der Touraine sozusagen die Zusammenfassung all der Weine, die man in Frankreich keltert – zu einem wirklich unschlagbar günstigen Preis.

Wein-Typ	★	🍷🍷🍷[1]	🍽[2]	🍶	❶
Touraine, Touraine-Mesland, Touraine-Amboise	★ – ★★	fröhliche Trinkweine in weißer, roter und Rosé-Farbe	Alltagsküche, zum Picknick	1–4 Jahre	❶ – ❷
Touraine Azay-le-Rideau	★ – ★★	frische Weißweine aus Chenin und kräftige Rosés	alle Fischspeisen, Käse, Alltagsküche, zum Picknick	1–2 Jahre	❶ – ❷
Touraine Gamay	★ – ★★	saftige, süffige, fruchtige Rotweine	Alltagsküche, Wurstwaren, deftige regionale Kost	1–3 Jahre	❶ – ❷
Touraine Sauvignon	★ – ★★★	herber, mineralischer, leichter, frischer Weißwein	Süßwasserfisch, gebraten und frittiert, Ziegenkäse	1–3 Jahre	❶ – ❷

[1] trinkreife Jahrgänge: S. 31; [2] ideale Speisen zum Wein: S. 54

Die roten Crus der Touraine: Chinon, Bourgueil, Saint-Nicolas

Aus Chinon, Bourgueil und Saint-Nicolas-de-Bourgueil kommen seit Jahrhunderten die besten Rotweine der Loire. In diesen drei so genannten »Crus« – hier ist damit eine Appellation, ein klar definiertes Herkunftsgebiet gemeint, das sich auf eine Gemeinde beschränkt – werden denn auch ausschließlich Weine roter Farbe gekeltert. Auch in Weingebieten, die auf eine lange Tradition zurückblicken, passt man sich hie und da modernen Trinkgewohnheiten an. »Cuvée jeunes vignes« oder »Vin de pâques« nennt sich in Chinon, Bourgueil und Saint-Nicolas-de-Bourgueil ein Rivale des Beaujolais, ein im Frühjahr nach der Ernte abgefüllter, purpurfarbener, lebhafter, jung zu trinkender Roter aus Cabernet franc, der bestens zu Wurstwaren und deftigem Eintopf passt. Die meisten Winzer bieten aber dazu mindestens noch eine »Cuvée vieilles vignes« aus älteren Reben an und die Spitzenwinzer der Region keltern sogar Lagenweine aus klar abgesteckten Parzellen, so genannten »Climats«, »Clos« oder »Terroirs«, wie die größten Häuser des Burgund.

Château de Chinon ist von Weinbergen mit knorrigen, alten Rebstöcken umgeben.

Chinon ist die Appellation, welche die besten und bekanntesten Weine hervorbringt. In Chinon ist auch der Renaissance-Dichter Rabelais geboren, der den Weinen des kleinen Städtchens häufig und gerne zugesprochen hat.

Bourgueil und Saint-Nicolas-de-Bourgueil haben lange eine einseitige Karriere als so genannte »Bistro-Weine« gemacht: Noch heute finden sie sich zahlreich auf den Tischen der Pariser Brasserien und Restaurants, wo sie nicht selten eisgekühlt serviert werden – zum Umtrunk oder zu typischen Bistrospeisen, einem Kalbskopf mit Vinaigrette-Sauce, einem Schweinsfüßchen-Salat oder zu Speckkuchen. Eine Hand voll Winzer kämpft jedoch um die Anerkennung ihrer Appellation als Produzent großer Weine, die denen von Chinon in nichts nachstehen.

Charles Joguet bewies als einer der ersten Winzer in Chinon, dass ein Rotwein aus der Sorte Cabernet franc hervorragend altern kann (S. 66).

Die besten Rotweine der drei Appellationen besitzen eine satte Farbe, den Tanninreichtum der besten St-Emilions und die Frische und die Würze eines großen Côte de Nuits aus Burgund. Sie machen bereits in ihrer Jugend Freude, also etwa im Alter von zwei bis vier Jahren, reifen aber bis zu 20 Jahren. Meist schmecken sie aber jung getrunken am besten. Man wähle sie zu deftigen oder gar derben Gerichten, Wild, Braten, Ragouts; die besten Weine zum Sonntagsbraten.

Wein-Typ	★	🍷 1	🍽 2	🌡	➊
Bourgueil, Saint-Nicolas-de-Bourgueil	★ – ★★★★	herbe, fruchtige Rotweine für alle Gelegenheiten	einfache, deftige Küche, kaltes Büfett, Sonntagsbraten	1–12 Jahre	➊–➌
Chinon	★ – ★★★★	herbe, fruchtige Rotweine für alle Gelegenheiten, einige große, elegante Rotweine	einfache, deftige Küche, Sonntagsbraten, Gerichte mit Weinsauce	1–12 Jahre	➋–➍

¹ trinkreife Jahrgänge: S. 31; ² ideale Speisen zum Wein: S. 54

Die weißen Crus der Touraine

Vouvray besitzt zwei Leben. Das eine ist oberirdisch und jedermann zugänglich. Es hat das Wesen eines pittoresken Marktfleckens mit steilen Sträßchen und Gässchen, an einen Tuff-Felsen über der Loire gebaut, und ist unweit von Tours gelegen. Die stattlichen Bürgerhäuser stehen unweit der Reben, die über dem Städtchen auf dem Plateau fußen und ihre Wurzeln tief in den weichen Tuff treiben. Das andere Leben bleibt vielen Touristen verborgen. Unter dem Felsen versteckt es sich in den Höhlen, Gängen und Galerien, die Generationen von »Heinzelmännchen« in den brüchigen Kalkstein getrieben haben. Hier reifen und ruhen Millionen von Flaschen Weißwein.

Auf Domaine Huët wird nach biodynamischen Richtlinien gearbeitet: Man verzichtet auf Kunstdünger und synthetische Insektizide. Im Weinberg stehen Wildblumen und Rebstöcke nebeneinander.

Chenin blanc – Königin von Vouvray

Vouvray gibt es in zahlreichen Varianten – süß, halbsüß oder knochentrocken, mit allen möglichen Zwischenstufen – sowie als »Cremant«, einen hochwertigen Schaumwein. Allen gemein ist die gleiche Traubensorte: die Königin Chenin blanc. Wenn auch rund ein Drittel dieser Rebstöcke entlang der Loire in den Siebzigerjahren ausgerissen und meist durch den modernen Sauvignon blanc ersetzt wurde, so ist Chenin blanc in Vouvray, diesem französischen Provinzstädtchen, nach wie vor Alleinherrscherin und zeigt, welches Potenzial in ihr steckt. Die Winzer haben bestens gelernt, mit dieser heiklen, wetteranfälligen Rebe, die früh austreibt und spät reift, umzugehen und jeder Spielart des Wetters spannende Weine abzugewinnen.

Die kleine Schwester: Montlouis

Montlouis liegt Vouvray genau gegenüber, nur drei Kilometer weiter am anderen Ufer der Loire. Dank des kreidehaltigen Untergrundes, der jedoch im Gegensatz zu seinem Nachbarn überwiegend von einer stark sandigen, mit Ton und Kies gemischten Bodenschicht bedeckt ist, reifen die Trauben etwas schneller, erreichen aber nicht immer die Komplexität der Trauben des Nachbarn. Lange Zeit Lieferant von Grundweinen für den Schaumwein aus Vouvray, tut die Appellation sich heute schwer damit, aus dem Schatten des großen Bruders zu treten und zu einem eigenen Charakter zu finden. Von ihren Winzern haben es jedoch einige geschafft, eine ganze Palette ausgewogener, blumiger Weine zu keltern. Auch hier beherrscht die Chenin-Traube die 400 Hektar große Appellation und ergibt mineralische Weine von stahligem, herbem Charakter.

Aus den Weinbergen von Vouvray kommen Weißweine aller Schattierungen: trocken, halbsüß, edelsüß – und auch ein guter Schaumwein.

Wein-Typ	★	🍷 [1]	🍽 [2]	🍾	❶
Vouvray sec, Montlouis sec	★ – ★★★	herb, mineralisch, säurebetont, muss lange reifen	Fisch und Ziegenkäse	6–20 Jahre	❷–❸
Vouvray demi-sec, Montouis demi-sec	★ – ★★★★	schönes Spiel von Süße und Säure, soll lange reifen	Geflügel und Fisch in Sauce, asiatische Gerichte, Salate von Fisch und Zitrusfrüchten	6–30 Jahre	❷–❸
Vouvray moelleux, Montlouis moelleux	★ – ★★★★★	herrlich vollmundige, ölige und doch herbe, kräftige Weine, müssen lange reifen	Ziegenkäse, Süßspeisen, Kuchen	10–50 Jahre	❷–❹
Vouvray brut, Montlouis brut	★★ – ★★★	herber, kräftiger Schaumwein, manchmal auch in einer nur leicht moussierenden Variante (pétillant)	Schaumwein für alle Gelegenheiten, auch als Begleiter zum Essen, asiatische Speisen	trinkreif, kann 2–3 Jahre lagern	❷–❸

[1] trinkreife Jahrgänge: S. 31; [2] ideale Speisen zum Wein: S. 54

Im Reich des Sauvignon: Sancerre und Pouilly-Fumé

Eine Ulme soll er auf dem Dorfplatz von Chavignol gepflanzt haben: Heinrich IV., Frankreichs beliebtester König, um dann lauthals zu erklären: »Euer Wein ist der beste, den ich je getrunken habe. Wenn ihn alle Menschen im Königreich tränken, gäbe es keine Religionskriege mehr.« Ein dickes Lob aus königlichem Munde!

Heinrichs Ulme ist verschwunden, der Wein aber ist geblieben. Heute trägt er den Namen der Appellation Sancerre. Seit knapp 100 Jahren wird er aus der Sorte Sauvignon blanc gekeltert und hat in den Siebzigerjahren die Pariser Nobelgaststätten erobert. In ihrem Exil im Herzen Frankreichs hat die Modesorte aus Bordeaux tatsächlich bessere Bedingungen gefunden als in ihrer Heimat. Die Weine sind von außerordentlicher Feinheit, Rasse und großer Eleganz. Während in Bordeaux Sauvignon blanc häufig auf zweitklassigen Terroirs gepflanzt wurde, fußt er in Sancerre (und Pouilly am östlichen Ufer der Loire) auf einzigartigen Böden, profitiert von einmaligen klimatischen Bedingungen und erbringt die mineralischsten aller großen trockenen französischen Weißen.

Clos de la Poussie in der Appellation Sancerre ist von Baron de Ladoucette übernommen worden. Damit besitzt der Familienbetrieb Weinberge auf beiden Seiten der Loire.

Ausgezeichnet passen zum eleganten Pouilly eine zarte Forelle und ein würziger »Bar au fenouil«, ein Meerwolf mit Fenchel, zum ausgereiften Sancerre. Beide Weine schmecken aber auch zu Ziegenkäse: Schließlich ist die Region nicht nur Geburtsort großer Weine, sondern auch des besten französischen Ziegenkäses, des »Crottin de Chavignol«.

Pouilly-Fumé und Sancerre in einem Atemzug zu nennen, ist zwar eigentlich ein Sakrileg, doch die Rebsorte ist die Gleiche, das Terroir ähnlich und die beiden Städtchen sind nur einen Katzensprung voneinander entfernt. Dazwischen fließt aber die Loire und damit trennt sie Welten. Denn Sancerre, die fast 2500 Hektar große Appellation mit einem pittoresken und einladenden Winzerstädtchen, Weinshops und fröhlichen Schlemmerlokalen, wo man gut bürgerlich und preisgünstig tafeln kann, gehört geographisch gesehen zur Region des Berry und damit zum Zentrum Frankreichs. Die kaum mehr als 1000 Hektar große Appellation Pouilly, ein verschlafenes Winzerdorf, liegt bereits in Burgund.

Ein Kuriosum ist die Appellation Pouilly sur Loire: Hier wird aus der Sorte Chasselas (Gutedel) ein säuerlicher, herber Weißwein erzeugt, der aber praktisch nur lokale Bedeutung hat. Sancerre-ähnliche Weißweine zu relativ günstigem Preis aus der Sauvignon-blanc-Traube werden ferner in den wenig bekannten Bezirken Reuilly, Menetou-Salon und Quincy gekeltert. Rosé- und Rotweine aus Sancerre, gekeltert aus Pinot noir, haben geradezu Seltenheitswert.

Sauvignon-blanc-Reben bei Sancerre

Die Weine der Appellationen Sancerre und Pouilly-Fumé waren stilbildend für stahlige, mineralische Weißweine – von Neuseeland bis Kalifornien.

Wein-Typ	★	⚲ 1	🍽 2	🍴	❶
Sancerre	★ – ★★★★★	Vollmundige, saftige, frische Weißweine	Ziegenkäse, Fisch und Meeresfrüchte, für die festliche Tafel	2–10 Jahre	❷ – ❹
Pouilly-Fumé	★ – ★★★★★	besonders mineralische, herbe, fruchtige Weißweine	Ziegenkäse, Fisch und Meeresfrüchte, für die festliche Tafel	2–10 Jahre	❷ – ❹
Pouilly sur Loire	★	einfacher, säuerlicher Weißwein aus der Sorte Chasselas	zum Umtrunk	1–2 Jahre	❶ – ❷
Reuilly, Quincy, Menetou-Salon	★ – ★★★	im besten Fall ähnlich wie ein Sancerre, häufig etwas krautig und herb	gebratener Fisch	1–6 Jahre	❷ – ❸

1 trinkreife Jahrgänge: S. 31; 2 ideale Speisen zum Wein: S. 54

Die kulinarischen Hochzeiten

An der Loire findet klassische französische Küche ihren schönsten Ausdruck. Hier speist man einfach, deftig und gut. In jeder zweiten Metzgerei (hier Charcuterie genannt) kann man eine Medaille vorweisen: die der besten Terrine, der saftigsten Pastete Frankreichs …

Die Loire ist gleichzeitig der Gemüsegarten und die Kornkammer Frankreichs – aber auch ein idealer Ort für Schweine- und Ziegenzucht. Erstere suchen sich ihr Futter in den schattigen Eichenhainen zusammen – sofern man sie noch auf die Weide lässt –, Letztere finden im zarten Gras die Nahrung für eine besonders cremige Milch, die zu feinem Ziegenkäse verarbeitet wird. Butter kommt aus dem nahen Poitou oder aus der Charente und wird zur klassischen *beurre blanc* verarbeitet, also einfach ausgelassen und zu gebratenem Fisch serviert, allenfalls mit einer Hand voll Kapern angereichert.

Essen wie Gott in Frankreich

Die Loire ist die Wiege der klassischen französischen Küche. Geht nicht die Sage, Ludwig XI. habe seinen Cousin, den kriegswütigen Karl den Kühnen, in seinem Schloss in Plessis bei Tours mit einem Festmahl empfangen, anstatt ihm seine Armeen entgegen zu schicken? Die Krieger des verwegenen Burgunderfürsten haben sich angesichts der zum Brechen vollen Tafeln und der bis zum Rand gefüllten Weinkrüge rasch zum Frieden überreden lassen. Sie dürften sich mit den gleichen Herrlichkeiten den Bauch vollgeschlagen haben, wie sie uns heute noch aus den Vitrinen der Feinkostgeschäfte entgegenlachen: Terrinen und Pasteten,

Lachse sind in der Loire zwar selten geworden, aber hie und da gelingt ein kapitaler Fang. Ein Glas Sauvignon blanc aus Sancerre oder Pouilly-Fumé passt dazu.

Links: Kulinarisches und Kultur an der Loire im harmonischen Zusammenspiel.

Aus den Gärten an der Loire kommt frisches Gemüse, Grundlage köstlicher leichter Gerichte.

Weiß- und Kuttelwürste, *rillettes* und *rillons* aus im Fett eingekochtem Schweinefleisch oder – als Dessert – der französischste aller Apfelkuchen, die herrliche *Tarte Tatin,* die man warm serviert.

Komplizierte Zubereitungen sind verpönt in den Gegenden entlang der Loire. Schweinefleisch wird zu schmackhaften Ragouts verarbeitet und auch mal gepökelt, Wild nicht selten am Spieß gebraten oder als Pfeffer zubereitet. Gemüse, darunter herrliche Artischocken, zarte Erbsen, Bohnen und Karotten und vieles andere mehr, stehen in Hülle und Fülle zur Verfügung. Deshalb bleibt die Küche leicht, trotz ihrer Deftigkeit, die noch unterstrichen wird durch die reichliche Verwendung frischer Petersilie, würziger Schalotten, duftenden Knoblauchs, Butter und Schweineschmalz.

An der Flussmündung rund um Nantes herrschen die Früchte des Meeres vor: Muscheln, Austern, Garnelen und Krabben bereichern die Speisekarte, dazu eine Quiche mit Meeresfrüchten aller Art, zu denen ein Muscadet hervorragend mundet. Muscheln werden meist »à la marinière« zubereitet (in Weißwein gekocht und mit fein gehackten Schalotten und Petersilie serviert) oder auch mal im Freien bereitet, indem man Rebreisig oder Stroh über die Schalentiere gibt, anzündet und damit die Muscheln sowohl im eigenen Saft schmort als auch räuchert. Leistet man sich einen Hummer oder eine Languste, wird man dazu nur die besten Weißen wählen, die schönsten Sancerre oder Pouilly-Fumé, einen Coulée de Serrant oder – besonders originell – halbsüßen Vouvray.

Im Landesinneren sind Flussfische Trumpf. Der Lachs ist zwar selten geworden; dafür fischt man Hechte, Karpfen, Alse (Maifisch) und Zander. Die *Pâte de Saumon et de Brochet* (Pastete aus Lachs und Hecht)

Austern und Schalentiere begleitet ein Muscadet aus der Gegend von Nantes ausgezeichnet.

vermählt sich sehr schön mit einem rauchigen Sauvignon blanc aus Pouilly oder Sancerre. Alse wird mit Sauerampfer gefüllt, im Ofen gebraten und zu einem trockenen Savennières oder Vouvray serviert und die kleinen Flussfische wendet man rasch in Mehl, frittiert sie in heißem Fett oder Öl und serviert sie mit reichlich Petersilie und etwas Zitrone zu allen trockenen Weißen von der Loire.

Überhaupt passen zu vielen klassischen Loire-Gerichten die trockenen oder halbsüßen Weißweine mit ihrer bekömmlichen Säure am besten. Weiße wählt man daher auch zu *Rillons au Vouvray* (in Weißwein marinierten, in Fett geschmorten Stücken von durchwachsenem Bauchspeck), zu *Rognons de Veau à la Berrichonne* (Kalbsnierchen in Sancerre), einem *Petit Salé et Jarret de Porc en Aspic* (gepökeltem Schweinefleisch und Schweinshaxe in Sülze) oder zu einem *Jambon persillé* (gekochtem Schinken mit Petersilie), zu *Piquet en Pot* (Zicklein in Sülze), einer *Omelette aux Foies de Volailles* (Pfannkuchen mit gehackter Geflügelleber), einem *Tête de Veau Sauce Gribiche* (Kalbskopf an einer Sauce aus Öl, Essig, Ei und Kapern) oder der *Pâte de pommes de terre du Berry* (Kartoffeltorte) und zur *Andouillette de Tours* (lokale Wurstspezialität aus Pansen).

»Jambon persillé« ist ursprünglich eine Spezialität aus Burgund, passt aber auch zu den frischen Rot- und Weißweinen der Loire hervorragend.

Natürlich passen auch leichte, gekühlte Rotweine aus Saumur, Champigny oder der Touraine zu solcher Kost. Die gehaltvolleren Rotweine wählt man hingegen zu Wild und Wildgeflügel (an dem die Wälder entlang der Loire immer noch besonders reich sind) oder zu Klassikern wie einem Coq au vin de Chinon, einem kräftigen Hahn, in Chinon gekocht; auch zu Hase oder zu Schweinenuss, gebraten und mit in Wein gekochten Backpflaumen serviert.

Welcher Wein zu welchen Speisen?

Weintyp	Weine
 einfache trockene Weißweine	Muscadet, Muscadet sur lie (S. 36f.), einfacher Sauvignon oder Chenin de Touraine (S. 42f.), einfache Anjou (S. 38f.), Reuilly, Menetou-Salon oder Quincy (S. 48f.)
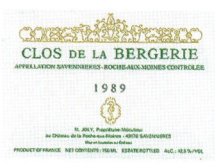 große trockene Weißweine	Savennières, Coulée de Serrant, Roche aux moines (S. 40f.), Sancerre, Pouilly-Fumé (S. 48f.), die besten Sauvignon-blanc-Weine aus der Touraine (S. 42f.)
 halbsüße Weißweine	halbsüßer Vouvray oder Montlouis (S. 46f.), die besten halbsüßen Weißen aus dem Anjou (S. 38f.) oder der Touraine
 einfache, jugendliche Rotweine	Gamay und Cabernet de Touraine (S. 42f.), einfacher, junger, kühl servierter Chinon, Bourgueil, Saint Nicolas (S. 44f.), Saumur-Champigny, Anjou (S. 38f.)
 gehaltvolle Rotweine	die besten Chinon, Saint-Nicolas-de-Bourgueil (S. 44f.)
 edelsüße Weine	Coteaux du Layon, Bonnezeaux, Quarts de Chaume (S. 40f.), Vouvray, Montlouis (S. 46f.)

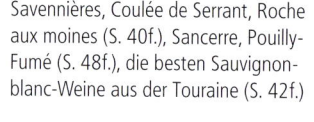

zur Wahl der Jahrgänge: siehe Trinkreife-Tabelle S. 31

Gerichte von der Loire*	Speisen generell
Moules marinière (Muscheln in Weißwein), Tarte aux fruits de mer (Meeresfrüchtekuchen), Friture de poisson (frittierter Fisch), Austern	alle einfachen Fischspeisen, besonders gebratener oder frittierter Fisch
Rillettes et Rillons de Tour (in Fett eingekochtes Schweinefleisch), Pâte de Brochet et de Saumon (Pastete von Hecht und Lachs), Crottin de Chavignol (Ziegenkäse)	Fischgerichte, Gemüsegerichte, Eierspeisen, Omeletts, weißes Fleisch, milde Frischkäse
Petit Salé und Jarret de Porc en Aspic (gepökeltes Schweinefleisch und Schweinshaxe in Sülze), Omelette aux Foies de Volailles (Pfannkuchen mit gehackter Geflügelleber)	Fisch, asiatische Küche, Wurstwaren, Eierspeisen, Ragouts, Geflügel, Innereien, weißes Fleisch
Piquet en Pot (Zicklein in Sülze), Tête de Veau Sauce Gribiche (Kalbskopf), Pâte de pommes de terre du Berry (Kartoffeltorte), Andouillette de Tours (Kuttelwurst)	herzhafte Eintöpfe, Schweinefleisch, Hackbraten, Hausmannskost
Coq au Chinon (Hahn in Chinon-Rotwein), Noisettes de Porc aux Pruneaux (Schweinenuss mit Backpflaumen), Capucin (Hase am Spieß, in Speck eingewickelt)	kräftige Braten, Ragouts und Gerichte von Geflügel, Wildgeflügel, Wild, rotem Fleisch (besonders mit Sauce)
Tarte Tatin (heiß servierte Apfeltorte), Feuilleté aux Amandes (Mandelgebäck)	süße Nachspeisen, Kuchen, Gebäck (außer Eis und roten Früchten)

*Erklärungen zu Spezialitäten von der Loire auf S. 52/53

Die schönsten Güter, die besten Weine

Viele der Qualitätsbetriebe entlang der Loire bieten eine geradezu unübersehbare Fülle unterschiedlichster Produkte an. Auf den nächsten Seiten finden Sie eine Übersicht über die zuverlässigsten Betriebe und ihre Weine. Alle in diesem Guide aufgeführten Güter erachten wir als zuverlässig und ihre Weine als empfehlenswert.

Die Sterne führen zu den qualifizierten Gütern. Meist wird eine Bandbreite der offerierten Qualitäten angegeben. ★ – ★★★★★ bedeutet, dass dieses Gut vom ehrlichen Alltagswein bis zum absoluten Weltklasse-Wein alles erzeugt. Die Preiskategorien der Weine sind mit den bekannten Münzsymbolen ❶ – ❺ vermerkt. Was Qualität und Preiskategorien im Einzelnen bedeuten, sehen Sie auf S. 33.

Der Weinratgeber, der ständig aktuell bleibt

Natürlich ändert sich das Angebot ständig, die Qualität der Weine von Jahrgang zu Jahrgang. Um stets aktuell zu bleiben, bedient sich die Vinoteca des Internets. Dort steht eine Webseite zur Verfügung, die vom internationalen Weinmagazin Vinum unterhalten wird. Unter der Internetadresse www.vinoteca.falken.de finden Sie Resultate und Kommenare zu den neuesten Verkostungen.

Weinauskunft auf Abruf

Wenn Ihnen das Netz der Netze noch ein Buch mit sieben Siegeln ist, können Sie aktuelle Verkostungsnotizen direkt anfordern bei: Vinum Verlag, Biebricher Allee 134, D-65187 Wiesbaden
Intervinum AG, Klosbachstr. 85, CH-8030 Zürich.

Links: Manche Weingüter wirken eher unscheinbar, andere sind regelrechte Schlösser. Guter Wein kann aus beiden kommen.

MUSCADET

Château du Cleray ★ – ★★★
44330 Vallet

Die Brüder Jean-Ernest und Yves Sauvion bewirtschaften nicht nur das hauseigene Weingut
Château du Cleray, sondern zählen mit ihrer Jah-
resproduktion von 250 000 Kisten Loire-Wein
(70 % im Muscadet-Sèvre-et-Maine) außerdem
zu den aktivsten Händlern der Region. Die Weine werden bei zahlreichen Kleinwinzern bezogen und je nach Herkunft getrennt gekeltert. Die
Palette an Muscadet-Weinen ist besonders viel-
seitig und reicht vom erfrischenden Muscadet
sur lie ❶ zum würzigen Muscadet, der auf Neuholz ausgebaut wird ❷. Besonders erwähnenswert sind die Cuvées Découverte ❷, Lauréats ❷
und Cardinal Richard ❷, die aus der Selektion
der besten Lagen stammen.

Domaine de l'Ecu ★ – ★★
44430 Le Landreau

Guy Bossard betreibt seit 1975 biologischen Anbau. Er widmet der Arbeit in seinem 20 ha großen Weinberg sehr viel Sorge und Umsicht, ver-
nachlässigt aber auch nicht die strenge Disziplin
im Keller. In seinen erstaunlich fruchtigen und
konzentrierten Muscadet-Weinen kommt das
Terroir voll zum Ausdruck. Der Muscadet sur lie
Hermine d'Or ❶ kann problemlos zwei, drei Jahre reifen und sein schäumender Wein Ludwig
Hahn ❶ ist besonders bescheiden im Preis.
Außerdem erzeugt er einen bemerkenswerten
Rotwein aus der Cabernet-Traube unter der Bezeichnung Vin de Pays du Jardin de la France ❶.

Guilbaud Frères ★ – ★★
44330 Mouzillon

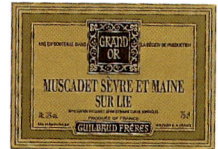

Das Handelshaus
Guilbaud wurde
1927 gegründet.
Heute kümmert
sich Pascal Guil-
baud um die
Verwaltung des Familienbetriebes. Mitten im
Herzen der Muscadet de Sèvre-et-Maine liegen
die 35 ha eigener Reben, von weiteren 165 ha
werden Trauben bezogen. Anbau und Weinbereitung genügen höchsten Ansprüchen und
ergeben ein reichhaltiges Angebot an Weinen,
die grundsätzlich alle »sur lie« reifen. Die ein-
facheren Le Soleil Nantais ❶, Domaine de la
Moutonnière ❶ und Grand Or ❶ sind Weine für
alle Gelegenheiten, Clos du Pont ❷ und
Château de la Pinossière ❷ eigentliche Mus-
cadet-Klassiker. Die durchaus vernünftigen Preise machen sie für Einsteiger besonders attraktiv.

Domaine des Herbauges ★ – ★★★
44830 Bouaye

Luc und Jérome Choblet
teilen sich die Verwaltung
des 1935 gegründeten Fa-
milienbetriebes. Die 70 ha
Reben, darunter 50 ha in
der Appellation Muscadet,
liegen auf dem Terroir des
»Lac de Grand Lieu«, einem See von 400 ha in
7000 ha Naturschutzzone. Sie sind zu zwei
Dritteln mit der Rebsorte Melon bestockt, der
Rest mit Gros Plant, Grolleau und Gamay. Die
Gneis-, Schiefer- und Granitböden verleihen dem
sonst eher neutralen Melon ein ganz besonderes
Bukett. Außerdem bauen die Brüder rote Land-
weine ❶ und zwei Lagenweine aus: den runden
und komplexen Clos de la Sénaigerie ❶ und
den eigenwilligen Clos de la Fine ❶, einen
mineralischen Tropfen, der nicht nur durstige
Schifferkehlen kühlt, sondern auch der gedie-
genen Tafel Ehre macht.

ANJOU-SAUMUR

Domaine des Baumard ★★ – ★★★★★
49190 Rochefort-sur-Loire

 Das stattliche Herrschaftsgebäude der Domaine des Baumard liegt im Zentrum von Rochefort sur Loire, wo die Familie laut Urkunde bereits seit 1634 Wein produziert. Der Vater des heutigen Besitzers baute das Gut in den Fünfzigerjahren zum Spitzenbetrieb aus. Sein Sohn Florent Baumard betreibt heute das 40 ha große Weingut. Besonders viel Aufmerksamkeit widmet er der Arbeit im Rebberg und im Keller. Die mageren Böden aus verwittertem Schiefer bieten der Chenin-Traube ausgezeichnete Bedingungen für gemächliche Reife und verleihen dem gesuchten Quarts de Chaume ❹–❺ seine herausragende Fülle, Rasse und Würze. Die Domaine des Baumard produziert zwar auch Rotweine aus Cabernet franc ❶, eigentliches Aushängeschild sind aber die herrlichen, trocken ausgebauten weißen Savennières ❸, die Coteaux du Layon moelleux ❷ und der Schaumwein Crémant de Loire ❷, mit dem Vater Jean einst den Grundstein zum Erfolg des Betriebs gelegt hat.

Château Pierre Bise ★★ – ★★★★
Claude Papin
49750 Beaulieu sur Layon
Claude Papin besitzt 53 ha Reben. Er versucht, den Zyklus der Natur zu verstehen, die beste Reife abzupassen und den Reichtum seiner Trauben zur Geltung zu bringen, der nicht nur die sortentypischen, sondern auch die Aromen des Terroirs zeigt. Das Resultat sind introvertierte, komplexe Weine: Anjou sec ❷, Coteaux du Layon Beaulieu ❸, Coteaux du Layon Chaume ❸, Savennières ❸ und Quarts de Chaume ❺

mit Noten von Früchten, Blumen und Mineralien, denen wenig von der lärmigen, extrem konzentrierten, vollmundigen Art eigen ist, die heute allgemein in Mode ist.

Domaine des Bleuces ★★ – ★★★
49700 Concouson-sur-Layon
Benoît Proffit verwaltet das Weingut und produziert besonders typische, eigenständige Weine, darunter einen sehr schönen, fruchtigen Cabernet d'Anjou ❶, einen roten Anjou ❶ und einen Coteaux du Layon ❷.

Domaine Philippe Delesvaux ★★ – ★★★
49190 Saint-Aubin de Luigné

 Philippe Delesvaux gehört zu jenen Idealisten, die vor Jahren das Stadtleben aufgegeben haben, um sich auf dem Lande ganz und gar dem Weinbau zu widmen. Mittlerweile ist sein Weinberg in den Coteaux du Layon auf über 14 ha gewachsen. Geringe Erträge und eine sorgsame Lese von Hand ergänzen seine gewissenhafte Arbeit im Weinberg, die wahrhaftig erstaunliche Resultate besonders bei der Entwicklung der Edelfäulnis erzielt. Seine Cuvées Grains Nobles ❹ und Carbonifera ❺ aus alten Chenin-Stöcken sind besonders fruchtig und ölig. Auch die übrigen Weine der Appellation Coteaux du Layon Saint-Aubin ❸ und die roten Anjou ❶ und Anjou Villages ❷ beweisen viel Eigenständigkeit und Charakter.

Château d'Epiré ★★ – ★★★★
Famille Bizard
49170 Savennières

Der Weinberg blieb seit seiner Entstehung im 17. Jahrhundert stets im Besitz der Familie. Heute kümmert sich Luc Bizard um die Verwaltung des Betriebes. Die Keller befinden sich in einer romanischen Kirche aus dem 12. Jahrhundert mitten im Dorf von Epiré. Der 10 ha große Weinberg erstreckt in süd-südöstlicher Lage auf schiefer- und kreidehaltigen Böden. Nur 8 ha sind mit der Chenin-Rebe bestockt und zur Produktion des Savennières bestimmt. Château d'Epiré gehört zu den Spitzenproduzenten der nur 130 ha großen Appellation. Der trockene Savennières ❸ ist ein besonders vollmundiger, würziger Wein, doch auch den lieblichen Cuvées ❸ mangelt es nicht an Fülle und Fruchtigkeit. Empfehlenswert ist auch der rote Anjou Clos de la Cerisaie ❷.

Château de Fesles ★★ – ★★★★
49380 Thouarcé

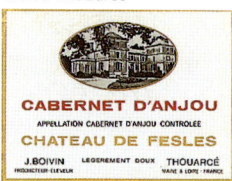

Lange war das Weingut mit seinen 33 ha Rebfläche im Besitz der Familie Boivin, heute gehört es Bernard Germain. Die Weine haben eine charakteristische Noblesse. Die weißen und roten Anjou ❷ sind erfreulich fruchtig, ebenso die Savennières ❸ und die Coteaux du Layon ❸. Herausragend ist aber der Bonnezeaux moelleux ❹, eine Rarität von seltener Güte.

Nicolas Joly ★★★ – ★★★★★
Vignoble de la Coulée de Serrant
Château de la Roche aux Moines
49170 Savennières

Der Weinberg dieses geschichtsträchtigen Ortes wurde 1130 von Mönchen angelegt. Die heute 15 ha Rebfläche liegen an einem imposanten, steil zur Loire abfallenden Hang in den Appellationen Savennières, Coulée de Serrant und Roche aux Moines. Um das Terroir mit seinem besonderen Mikrokosmos zu schützen, betreibt Nicolas Joly seit 1985 biodynamischen Rebbau, basierend auf den Anbaumethoden des Anthroposophen Rudolf Steiner. Seine Weine sind das getreue Abbild der Persönlichkeit ihres Machers, unbequem, eigenständig, lebhaft und voller Charakter. Sein ausgewogener Weißwein Clos de la Bergerie ❹ und der vollmundige Spitzenwein Coulée de Serrant ❺ gehören zu den ganz großen Weißweinen Frankreichs. Empfehlenswert sind aber auch die beiden weniger bekannten und preiswerteren Weißen Becherelle ❸ und Petit Clos ❸.

Domaine Jean-Yves Lebreton ★★ – ★★★
49320 Saint-Jean-des Mauvrets
Jean-Yves Lebreton keltert sehr zuverlässige Weine. Die 50 ha Rebfläche sind zu zwei Dritteln mit den roten Sorten Cabernet franc und Cabernet Sauvignon bestockt und ergeben würzige, kräftige Rotweine, darunter die Spitzencuvée La Croix de Mission ❷ und einen Anjou-Villages, der ausgezeichnet reifen kann. Ferner werden die Cuvées Tradition ❷ und Prestige ❷ in der Appellation Coteaux de l'Aubance angeboten.

Domaine de Montgilet ★★ – ★★★
49610 Juigné-sur-Loire
Victor und Vincent Lebreton bewirtschaften
37 ha in der Gemeinde Juigné und verwöhnen
den Besucher mit einem besonders schmackhaften Rosé de Loire ❶ und verschiedenen
Selektionen eigenwilliger edelsüßer Weine aus
den Coteaux de l'Aubance, die sich durch besondere Finesse und Komplexität auszeichnen
und das Terroir voll zum Ausdruck bringen. Der
Spitzenwein des Gutes trägt den Namen Les
Trois Schistes ❸ und wird aus Chenin-Trauben
aus drei schieferhaltigen, sonnenausgerichteten
Lagen gekeltert. Besonderheit der Domaine ist
außerdem die Abfüllung einiger ihrer Sonder-
cuvées Tertereaux ❹ und die Clos des Huttières
❹ in 0,5-l-Flaschen. Neben dem fruchtigen roten Anjou Gamay ❶ werden ein Anjou-Villages
❷ und ein Villages-Brissac ❷ angeboten, die
ausschließlich aus Cabernet franc und Cabernet
Sauvignon bestehen. Ein weißer reinsortiger
Crémant de Loire ❷ ergänzt die vielseitige
Weinpalette.

Château de Montgueret ★★ – ★★★
49560 Nueil-sur-Layon

Auf Château
Montgueret
wurde früher
nur roter Anjou
❷ gekeltert.
Seit ein paar
Jahren werden
nunmehr auch zuverlässige Saumur-Weine
hergestellt: darunter ein kräftiger Roter ❷ mit
soliden Tanninen aus der Cabernet-franc-Rebe
und ein floraler Weißer ❷, der sich gut zu
Meeresfrüchten trinken lässt.

Domaine René Renou ★★ – ★★★
49380 Thouarcé
René Renou bewirtschaftet 8 ha in der Appel-
lation Bonnezeaux und hat nur ein Ziel vor
Augen: die Herstellung großer Weine. Die
Spitzencuvée Zenith ❸–❹ ist ein gelungenes
Beispiel dafür. Auf den einzigartigen Schiefer-
Terroirs wird dieser edelsüße Wein von Hand
gelesen. Er gerät denn auch besonders rund,
frisch und lebendig.

Domaine Pierre Soulez ★★ – ★★★
49170 Savennières
Die Brüder Soulez zählen zu den aktivsten
Winzern der Region Anjou. Obschon sie ihre
Rebberge aufgeteilt haben, arbeiten sie immer
noch Hand in Hand. Yves Soulez ist über die
Loire nach Saint-Aubin-de-Luigné ausgewandert
und betreut heute den Weinberg der Genaiserie
in den Coteaux du Layon, die uns heute wunder-
schöne edelsüße Weine bescheren ❹. Pierre
blieb seinen Wurzeln treu und kümmert sich um
die Verwaltung des Familiengutes Château
Chamboureau. Seine besonders lagentypischen
Weine besitzen sehr viel Eigenständigkeit.
Neben der lieblichen Variante ❸, die rund und
weich gerät, produziert er die trockene Cuvée
d'Avant ❸ und einen Chevalier Buhard moelleux
❹ in der Appellation Roches-aux-Moines.

SAUMUR UND
SAUMUR-CHAMPIGNY

Les Baumiers ★★ – ★★★
49400 Dampierre-sur-Loire

Yves Droui-
neau ist nicht
nur für die
21 ha von Les
Baumiers ver-
antwortlich,
sondern seit 1998 auch für die Domaine La
Seignère mit 8 ha in der Appellation Saumur
und Saumur-Champigny. Seine Spezialität: die
Herstellung trockener und edelsüßer Weißweine.
Neben dem klassischen trockenen weißen
Saumur ❶ produziert er einen edelsüßen
Coteaux de Saumur ❸, aber auch einen weniger
bekannten roten Saumur-Champigny ❷ aus den
Sorten Chenin und Cabernet franc.

Château du Hureau ★ – ★★★★
49400 Dampierre-sur-Loire
Die Familie Vatan gehört mit zu den Qualitäts-
pionieren der Region Saumur-Champigny. Die
20 ha großen Rebberge liegen auf lehm- und
kalkhaltigen Böden, auf denen Cabernet franc
und Chenin besonders gut gedeihen. In seinem
in den Tuff gehauenen Keller aus dem 12. Jahrhundert baut Philippe Vatan sehr zuverlässige
Weine aus. Sie besitzen satte Frucht und Finesse
und gehören zu den Spitzenweinen der Appellation. Sehr empfehlenswert sind nicht nur die roten Cuvées Lisagathe ❸ und die Grande Cuvée
❷, sondern auch der angenehm saftige weiße
Saumur ❷.

Clos Rougeard ★★ – ★★★★
49400 Chacé

Bernard Foucault
ist einer der weni-
gen Rotweinpro-
duzenten in Sau-
mur-Champigny,
die sich ganz und
gar der Qualität verschrieben haben. Die 9 ha
großen Rebberge sind ausschließlich mit Caber-
net-franc-Reben von teilweise respektablem
Alter bestockt. Naturnaher Rebbau, bescheidene Erträge und traditionelle, langsame Gärung in
offenen Tanks mit regelmäßiger Pigeage heißen
die Mittel, mit der die Gebrüder Foucault ihre
satten und doch finessereichen, aromatischen
Tropfen erarbeiten. Einziges Zugeständnis an
die Zeitströmung: der Ausbau in Eichenbarri-
ques, die in den weichen Tuff-Felsen gehauenen
Kellern lagern und aus Château Margaux stammen. Die drei wichtigsten Cuvées heißen Clos
Rougeard ❹, eine Assemblage verschiedener
Parzellen, Les Poyeux ❹ und Clos le Bourg ❹.
Daneben produziert Bernard Foucault einen
weißen Saumur Brézé ❹.

Cave des Vignerons de Saumur ★ – ★★★
49260 Saint-Cyr-en-Bourg

Die Genossenschafts-
kellerei von Saumur
wurde 1957 gegrün-
det und verarbeitet
heute mit ihren nahe-
zu 300 Mitgliedern
die Ernte von 1400 ha Reben. Mehr als 7 Mio.
Flaschen Saumur sowie 1 Mio. Flaschen
Schaumwein werden hier jährlich abgefüllt, die
alle in 25 Meter tiefen Kellern lagern. Dank
gewissenhaftem Anbau und anspruchsvoller
Weinbereitung gehört die Kellerei zu den zuverlässigsten Adressen der Region. Neben dem
klassischen roten ❷ und weißem Saumur ❷
sind auch der rote Saumur-Champigny ❷ und
der Schaumwein Saumur brut ❷ empfehlenswert. Ideal für Einsteiger!

TOURAINE

Philippe Alliet ★★ − ★★★★
37500 Cravant les Coteaux

1996 erfüllte sich Philippe Alliet einen Traum: Er verdoppelte seinen Rebbestand und erwarb zusätzlich 4 ha in bester Hanglage. Dank makelloser Arbeit in Rebberg und Keller gehört der zurückhaltende Winzer heute zu den Stars des Chinon. In seinem kleinen, in den Tuff gehauenen Barriquekeller erzeugt er eigenwillige, rassige, kompakte Chinons ❷, allen voran die Cuvée Coteau de Noiré ❸, großzügig und voller Charakter.

Yannick Amirault ★★ − ★★★★
37140 Bourgueil

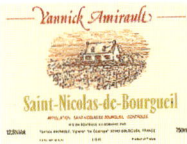

Yannick Amirault gelingen die verführerischsten Weine aus Bourgueil. Die Arbeit im 16 ha großen Rebberg sowie im Keller dienen dem Ziel, möglichst viel Frucht in den Wein zu bringen. Yannick Amirault bietet eine ganze Palette von herrlich eigenständigen Weinen der zwei Appellationen an. In Saint-Nicolas-de-Bourgueil produziert er Gravius ❷, einen hervorragenden, besonders vollmundigen Rotwein, und Malgagnes ❷, einen eher dezenten Wein. Daneben sind auch Source ❷ und seine Weine aus Bourgueil, Coudraye ❷, Grand Clos ❷ und Quartius ❷ sehr zuverlässig. Und sein La Petite Cave ❸, der langsam im offenen Tank vergärt, ohne Filterung und Schönung, ist ein Tropfen, wie man sie heute kaum mehr keltert: verführerisch, sanft und rund.

Clos Bauduin ★ − ★★★
37210 Vouvray

Die 19 ha Reben der traditionsbewussten Domaine sind zu 100 % mit Chenin blanc bestockt. Philippe Poniatowski keltert besonders kernige, in ihrer Jugend schwer zugängliche Weine, die ihre Klasse erst nach 20 Jahren ausspielen. Neben den Cuvées Moelleux Clos Bauduin ❷, Clos de l'Avenir ❷ und l'Aigle blanc ❷ produziert er auch einen erfrischenden und schäumenden Vouvray ❷.

Catherine und Didier Champalou
★★ − ★★★★★
37210 Vouvray

Catherine und Didier Champalou sind die eigentlichen Aufsteiger in Vouvray. Winzerkinder sind sie zwar beide, doch ihren Besitz und ihr Gut haben sie sich selber aufgebaut. Innerhalb von zehn Jahren vergrößerten sie nicht nur den Rebberg von kaum 2 auf 20 ha, sondern erwarben sich auch den Ruf eines Qualitätsbetriebes. Mit ihrem ganz besonderen Vouvray-Stil, zurückhaltend im Alkohol, voller Subtilität und Finesse, bewiesen sie, dass man in Vouvray einen der eigenständigsten Weißweine Frankreichs produziert. Die Weine munden schon in ihrer Jugend und können doch hervorragend altern. Erwähnt seien die halbtrockene Cuvée moelleuse ❸, ein unnachahmlicher Tropfen mit Duft nach weißer Trüffel und Nüssen, oder die edelsüße Trie de Vendange ❹ sowie die halbtrockene Cuvée des Fondraux ❹ mit ihren feinen mineralischen Noten, der einfachere trockene Vouvray ❷ und der Schaumwein aus traditioneller Kelterung ❷.

Domaine de la Chanteleuserie ★ – ★★★
37140 Benais

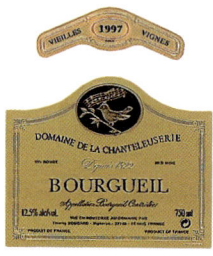

Thierry Boucard bewirtschaftet an die 20 ha in den Appellationen Bourgueil und Saint-Nicolas-de-Bourgueil. Seit über 150 Jahren keltert die Familie aufrichtige Weine mit viel Körper und guten Tanninen, die sich erst nach fünf Jahren richtig entfalten und ein erstaunliches Alterungsvermögen besitzen. Die von Hand gelesene Cuvée Beauvais ❷ aus einem der besten Terroirs (mit lehm- und kalkhaltigen Böden) kann sich problemlos mit den besten Crus der Region messen. Neben der eigenwilligen Cuvée Vieilles Vignes ❷ aus 40 Jahre alten Rebstöcken, die mit ihren Aromen roter Früchte und Lakritz an die eines klassischen Bourgueil erinnert, sind auch die Cuvée des Alouettes ❶ und die Cuvée Irène ❶ aus sand- und kieselhaltigen Lagen in Saint-Nicolas-de-Bourgueil zu empfehlen.

Domaine de la Charmoise ★ – ★★★
41230 Soings

Der Weinberg wurde 1967 und 1978 völlig neu aufgestockt und auf 50 ha erweitert. Der initiative Herni Marionnet zählt heute zu den besten Winzern der Touraine. Er keltert mit modernsten technischen Mitteln und großen Qualitätsanstrengungen im Weinberg eine schöne Palette origineller Weine. Sein verführerischer Première Vendange ❶ verdient große Anerkennung. Er wird aus Gamay-Trauben gewonnen und gerät ungeheuer frisch und saftig. Auch der klassische Touraine-Gamay ❷ ist bemerkenswert.

François Chidaine ★ – ★★★
37270 Montlouis

François Chidaines Weinberge liegen verteilt auf fünf Lagen, auf denen seit 1999 naturnaher Anbau betrieben wird. François Chidaine produziert mit die interessantesten Weißweine des Anbaugebietes Montlouis. Neben dem trockenen Clos du Breuil ❷, einem kernigen Weißwein, der lange reifen darf, bietet das Haus auch eine süße Variante Les Lys ❷, einen eigenständigen Wein mit den typischen Noten des Chenin, satter Süße und schwacher Säure. Außerdem werden ein halbtrockener Wein namens Tuffeaux ❷ und ein Schaumwein ❷ hergestellt.

Domaine Couly-Dutheil ★ – ★★★
37500 Chinon

Die Rebberge dieses seriösen Handelshauses erstrecken sich über 65 ha auf kalk-und lehmhaltigen Böden und erzeugen Lagenweine wie den bekannten Clos de l'Echo ❸ oder den Clos de l'Olive ❸. Domaine de la Diligence ❷ und Domaine Réné Couly ❷ heißen weitere bekannte Marken des Hauses.

Domaine Joël Delaunay ★ – ★★★
41110 Pouillé

Die Weinberge der Delaunays in Pouillé liegen auf sandigen Lehm- und Schotterböden und erstrecken sich über 21 ha an den Hängen des Cher-Ufers. Joël Delaunay ist bekannt für seinen reintönigen, sehr sortentypischen Sauvignon blanc ❶, der in puncto Qualität und Finesse manche weiße Bordeaux das Fürchten lehren dürfte. Erwähnenswert sind auch seine reinsortigen roten Cuvées: die kräftige, tanninreiche Prestige ❶ aus der Malbec-Rebe, der geschmeidige Cabernet franc ❶ und der würzige Gamay ❶, nicht zu vergessen der Rosé Pineau d'Aunis ❶. Daneben werden ein weißer und ein Rosé-Schaumwein ❷ erzeugt.

Domaine Deletang ★ – ★★★
37270 Saint Martin de Beau

Dank gewissenhafter Arbeit im Rebberg, kleinen Erträgen, Lese von Hand in mehrmaligen Durchgängen und qualitätsbewusster Arbeit im Keller haben sich die Weine einen guten Namen gemacht. Neben den bemerkenswerten trockenen Weißen Les Batisses ❷ und Les Petit Bouley ❷, die dank der hohen Restsüße nicht knochenhart wirken, produziert Olivier Deletang auch einen Montlouis moelleux ❸, der einige Jahre lagern kann, eine Anzahl trockene weiße und rote Touraine-Weine ❶–❷ und Schaumweine ❷.

Domaine de la Fontainerie ★★ – ★★★★
37210 Vouvray

Domaine de la Fontainerie hält der Chenin-Traube seit drei Jahrhunderten die Treue. Der 5 ha große Rebberg liegt über den in den Felsen gehauenen Behausungen des Vallée Coquette. Naturnaher Anbau, geringe Erträge und Handlese gehören zu den Grundprinzipien von Catherine Dhoye Deruet, die den Familienbetrieb seit 1990 leitet. Paradepferd des Hauses ist ihr vollkommen trockener Chenin blanc ❸, der ein Jahr lang in neuen Eichenholzfässern ausgebaut wird. Dieser eigenständige, einmalige Wein besitzt ein beachtliches Reifepotenzial. Neben dem schäumenden Vouvray ❷ produziert Catherine Dhoye Deruet auch einen ausgezeichneten Moelleux ❸ und einen fruchtigen Demi Sec ❷.

Domaine des Forges ★ – ★★★
37140 Restigné

Silvie und Jean-Yves Billet bewirtschaften 18 ha in Restigné. Ihre drei Lagencuvées sind das Spiegelbild ihrer Böden: leicht und fruchtig die Cuvée du Domaine ❶; von kieselhaltigen Böden stammend, rassig und kräftig die Tuffsteinlagen Les Bézards ❷ und die Vieilles Vignes ❷, die aus 40 bis 80 Jahre alten Rebstöcken stammt und ein Jahr lang im Eichenholz reift.

Domaine Huët ★★★ – ★★★★★
37210 Vouvray

Haut-Lieu, Le Mont und Clos du Bourg heißen die drei Climats (Lagen) des Familienbetriebes, der über insgesamt 35 ha der besten Böden Vouvrays verfügt. Seit 1985 hat die Domaine, auf der noch immer Altmeister Gaston Huët und heute auch Schwiegersohn Noël Pinguet mitwirkt, auf biodynamischen Rebbau umgestellt. Seit 1990 darf sie das Gütezeichen »Demeter« tragen. Bei Huët werden die legendären Crus mit viel Fingerspitzengefühl gekeltert. Das ergibt ungemein noble, distinguierte Weißweine von edelsüß bis moussierend in allen Varianten. Der edelsüße Spitzenwein Le Haut Lieu 1er Tri ❸ stammt aus erster Lese und steht für einen fülligen und fleischigen Tropfen mit einem nuancenreichen Strauß von Aromen. Doch auch Le Haut Lieu ❹ und Le Clos de Bourg moelleux ❹ stehen ihm nicht nach. Der halbtrockene Clos du Bourg demi-sec ❹ bietet eine höchst zuverlässige Vouvray-Variante, die gut reifen kann. Auch die trocken ausgebauten Le Haut Lieu und Le Mont ❸ besitzen eine leichte Restsüße und sind darum nicht knochentrocken wie andere Secs derselben Appellation.

Charles Joguet ★★ – ★★★★
37220 Sazilly

Die 35 ha Rebfläche liegen auf unterschiedlichen Parzellen zwischen den beiden Flüssen Loire und Vienne und sind zu 100 % mit Cabernet franc bestockt. Joguet war einer der Ersten in Chinon, der über den Einfluss der verschiedenen Terroirs nachdachte und Lagencuvées vinifizierte. Er bewies zudem eindrücklich, dass ein Chinon bestens altern kann. Seine legendären Cuvées Chêne vert ❸, Varennes du Grand Clos ❷ und Clos de la Dioterie ❸ reifen in vier bis sechs Jahren zu herrlich eleganten, raffinierten Weinen heran, die auch der größten Tafel Ehre machen. Neben den drei Spitzencuvées sind auch die Cuvées Clos de la Cure ❷, Jeunes Vignes ❷, Terroir ❷ und der trockene Rosé Jeunes Vignes ❷ empfehlenswert.

Domaine Levasseur ★ – ★★★
37270 Montlouis-sur-Loire

Claude Levasseur hat es verstanden, aus seinem 12 ha großen Weingut mit Geschick und Geduld einen wahren Aufsteiger zu machen. Er keltert eine schöne Palette anständiger Weine. Bemerkenswert sind vor allem sein feiner Schaumwein ❷ und die blumigen, halbtrockenen Cuvées ❷. Außerdem produziert er eine liebliche Cuvée Réservée ❸, eine Spitzencuvée Tri de Vieilles Vignes ❸, die von Hand in mehreren Gängen gelesen und nach traditioneller Kelterung in Holzfässern ausgebaut wird. Auch seine roten und weißen Touraine-Weine ❶–❷ sind empfehlenswert.

Pascal et Alain Lorieux ★ – ★★★
37140 Saint-Nicolas-de-Bourgueil

 Die Brüder Pascal und Alain Lorieux bewirtschaften heute 17 ha. Die Spitzencuvée Agnès Sorel ❷ ist ein saftiger, fülliger Tropfen, der viel Freude bereitet, doch auch die einfacheren Cuvées ❷ sind bemerkenswert. Die Lorieux besitzen auch in Chinon Reben und keltern auch da besonders rassige, vollmundige Weine, die geprägt sind von frischer, lebhafter Frucht und mit ihren kräftigen Tanninen fast an einen Bordeaux erinnern. Neben der klassischen Cuvée Alain Lorieux ❷ ist besonders der Spitzenwein Thélème ❸ zu empfehlen.

Frédéric Mabileau ★ – ★★★
37140 Saint-Nicolas-de-Bourgueil

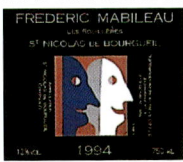 Das kleine Weingut von nur 8 ha wird von dem jungen und dynamischen Frédéric Mabileau geleitet und gehört zu den Insider-Adressen der Appellation. Seine beiden Spitzencuvées Les Rouillères ❷ und Eclipse ❷ haben bereits mehrere Auszeichnungen erhalten. Sie geraten besonders fruchtig und können problemlos einige Jahre reifen.

Domaine Moyer ★ – ★★★
37270 Montlouis-sur-Loire

Der 12 ha große Rebgarten liegt nur 10 Kilometer von Tours entfernt, eingeschlossen zwischen den zwei Flüssen Cher und Loire und den zwei Städten Amboise und Chenonceaux. Dominique Moyer produziert mit seinen im Durchschnitt 70 Jahre alten Rebstöcken einen schönen trockenen weißen Montlouis ❶. Doch auch sein Halbtrockener ❶, und die (liebliche) Cuvée Vieux Château moelleux ❷ sowie sein Schaumwein ❶ sind erwähnenswert.

Domaine Sauvète ★ – ★★★
41400 Monthou sur Cher

Naturnaher Rebbau, bescheidene Erträge und eine sorgsame Lese von Hand – so heißt das Rezept, mit dem Jérome und Dominique Sauvète die beste Qualität ihrer Beeren erzielen. Jede Parzelle wird getrennt vinifiziert. Die Weine geraten füllig und fruchtig und angenehm ausgewogen. Neben den Spitzencuvées Confidence ❷, Passion ❶ und dem besonders dichten Privilège ❷ produzieren sie einen klassischen Sauvignon blanc ❶, einen Gamay ❶ und einen Cabernet franc ❶ sowie einen Schaumwein ❶, alle mit der Appellation Touraine.

Domaine de la Taille aux Loups ★ – ★★★
37270 Montlouis-sur-Loire

Jacky Blot vertritt die Ideale eines gewissenhaften Anbaus und einer tadellosen Ernte. Mit seinem Bestreben, die Qualität der ganz großen edelsüßen Weine Frankreichs zu erreichen, baut er seine Chenin-blanc-Weine im Holz aus. In den letzten Jahren sicherte er sich immer häufiger einen Platz in der obersten Rangliste der Appellation. Jacky Blot keltert eine breite Palette von Weißweinen sowohl still und trocken ❷ als auch schäumend ❷. Herausragend und ungewöhnlich sind vor allem seine zwei edelsüßen Spitzenweine Romulus ❺ und Cuvée des Loups ❹.

Domaine Joël Taluau – Foltzenlogel – ★★ – ★★★
37140 Chevrette – Saint-Nicolas-de-Bourgueil

Aus diesem 20 ha großen Rebberg stammt einer der rassigsten und kernigsten Saint-Nicolas-de-Bourgueil. Joël Taluau gründete seinen Betrieb 1970. Seine drei Cuvées Jeunes Vignes ❷, Domaine ❷ und die handgelesene Vieilles Vignes ❷ werden nur in Edelstahltanks gekeltert, ohne jeglichem Holzausbau. Die Weine geraten besonders fruchtig und charaktervoll und besitzen Eleganz und Finesse.

Domaine du Viking ★★ – ★★★
37380 Reugny

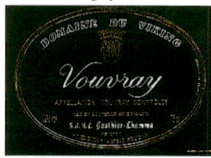

Lionel Gauthier hat sich auf die Herstellung von Schaumweinen spezialisiert. Seine Weinberge er-strecken sich über 12 ha auf der Hochebene im Norden der Appellation. Die schäumenden Vouvrays ❷ sind sehr ausgewogen und besitzen viel Klasse mit verführerischen Aromen von Honig und Quitte. Erwähnenswert sind außerdem der geschmeidige weiße Domaine du Viking ❷ und die liebliche Cuvée Aurelie ❷ von erstaunlicher Länge und Intensität.

SANCERRE UND POUILLY-FUMÉ

Domaine Henri Bourgeois ★ – ★★★★★
18300 Chavignol

Der Weinberg der Familie Bourgeois ist innerhalb der letzten 40 Jahre um 60 ha gewach-sen. Die Weine von den 120 verschiedenen Parzellen werden ge-trennt gekeltert und in Tanks oder Eichenfässern ausgebaut. Unter der Leitung von Jean-Marie Bourgeois entstehen jedes Jahr exzellente Wei-ne. Seine Cuvée Etienne Henri ❸ zählt zu ganz großen Sancerres. Außerdem sind die stoffig-stahligen Tropfen Cuvées Les Monts Damnés ❸ aus der berühmten gleichnamigen Lage und La Bourgeoise ❸ zu erwähnen, die viel Kraft und elegante Säure besitzen.

Domaine Lucien Crochet ★ – ★★★★
18300 Bué

Jeder Wein der Domaine Crochet bereitet Trinkver-gnügen. Das ist nicht zuletzt auf die sorgsame Arbeit im Rebberg zurückzuführen. Lucien Crochet und sein Sohn Gilles, der in Dijon Önologie studiert hat, bewirtschaften zusammen den 33 ha großen Weinberg, der sich größtenteils um das Dörfchen Bué ausbreitet. Ihre Paradepferde sind der viel versprechende La Croix du Roy ❸, ein strenger, rassiger Sancerre mit starkem minerali-schen Ausdruck, der gut einige Jahre reifen kann, und der ausgezeichnete La Grange aux Dîmes ❸, ein charaktervoller Sauvignon blanc mit viel Nerv und Fülle. Aber auch die einfachere Cuvée Sancerre ❷ ist sehr zuverlässig.

Didier Dagueneau ★★★ – ★★★★★
58150 Saint Andelin

Der charismatische Wein-
macher Didier Dagueneau
produziert einfach fantastische Weine. Sie werden
meist auf kleinen Stück-
fässern ausgebaut und
selbst in schwierigen Jahr-
gängen nicht aufgezuckert. Die 11 ha großen
Weingärten ergeben einzigartige und ungebän-
digte Gewächse wie die Cuvées Silex ❹, Pur
Sang ❹ oder En Chailloux ❹.

Fournier Père & Fils ★ – ★★★
18300 Sancerre

Die beiden Brüder
Jacques und Claude
Fournier stehen an
der Spitze der drei
Weingüter Domaine
Fournier, Domaine
de Saint-Romble und Domaine des Berthiers.
Die Weinberge erstrecken sich über 55 ha an
den Ufern der Loire in den Appellationen
Sancerre, Pouilly-Fumé und Menetou-Salon.
Neben den klassischen roten und weißen
Sancerre ❷ und Pouilly-Fumé ❷ ist auch die
Cuvée Sancerre Vieilles Vignes bemerkens-
wert ❷.

Baron de Ladoucette ★★★ – ★★★★★
Château de Nozet
58150 Pouilly-sur-Loire
Château de Nozet der Familie Ladoucette ist
ein Märchenschloss wie aus dem Bilderbuch,
mit modern eingerichteten, blitzblank heraus-
geputzten Kellern, die ganze Batterien kleiner,
fein säuberlich mit Kacheln ausgelegter Gärtanks enthalten. Paradepferd des weltbekannten Betriebes ist die Sondercuvée Baron L ❹,
eine Assemblage der besten Parzellen, 12 bis
16 Monate auf der Hefe ausgebaut. Beachtens-
wert auch die Sancerre-Cuvée Comte Lafon ❸
sowie die Weine des Clos de la Poussie (ebenfalls Sancerre) ❸, die seit einiger Zeit auch zum
Imperium der Ladoucette gehören. Ladoucette
bietet auch einen der wenigen wirklich interes-
santen roten Sancerres (aus der Sorte Pinot noir)
❸ an und sogar sein süffiger Rosé ❷ ist von
beachtlicher Qualität.

Alphonse Mellot ★ – ★★★★
18300 Sancerre
Alphonse Mellot ist nicht nur eines der wichtigsten Weinhandelshäuser von Sancerre, sondern
auch eine der größten Weindomänen. Darauf
legt man besonders großen Wert. Nicht zu
Unrecht, denn seine Familie ist, wie die seines
Cousins Joseph Mellot, seit 1513 im Weinbau
tätig und hat viel für den Sancerre getan. Die
Domaine de la Moussière erstreckt sich über
35 ha mit günstiger Südlage, auf denen nur
zwei Rebsorten gepflanzt sind: Sauvignon blanc
für den weißen und Pinot noir für den roten
Sancerre. Neben der ungewöhnlichen Pflanzdichte von 10 000 Stöcken pro ha legt man
auch auf naturnahen Anbau, manuelle Ernte und
sorgfältige Weinbereitung großen Wert. Die bekanntesten Weine von Alphonse Mellot sind der
weiße und rote Domaine la Moussière ❷ sowie
die weiße Prestigecuvée Edmond ❹ und die rote Cuvée Génération XIX ❹ (dem 19. Alphonse
der Familie gewidmet).

Joseph Mellot ★ – ★★★
18300 Sancerre

Sonnenkönig Louis XIV. ernannte 1698 César Mellot zum Weinberater des königlichen Hofes! Sein Nachfahre Alexandre Mellot ist seit 1984 für die Verwaltung des Betriebes zuständig. Er verwaltet stolze 70 ha. Davon liegen 30 ha im Anbaugebiet Sancerre und 20 ha in Pouilly-Fumé. In den 2000 Quadratmeter großen, hochtechnisierten Kelleranlagen vor Sancerre werden die Weine je nach Lagen getrennt gekeltert. Fast 20 verschiedene Weine aus sieben Appellationen bietet die Domaine Joseph Mellot an. Ob einfache, preisgünstige Tafelweine ❶ oder auf Holz gereifte Cuvées ❷–❸, die ausgezeichnete Cuvée La Châtelaine ❹ – alle Weine werden mit den gleichen Qualitätsansprüchen und viel Sinn für Perfektion erzeugt.

La Moynerie ★ – ★★★★
Michel Redde
58150 Pouilly-sur-Loire

La Moynerie wird von Thierry Redde geführt. Der Großteil der 35 ha Reben liegt auf einer bevorzugten Hanglage zur Loire mit kalk- und lehmhaltigen Böden. Aus den ältesten Stöcken dieses Terroirs und den besten Jahrgängen entsteht die weiße Cuvée Majorum ❹. Der weiße Sauvignon Les Tuilières ❷ entsteht aus der Assemblage mehrerer Terroirs in den Gemeinden Crézency, Chavignol und Sury en Vaux. Neben dem klassischen Pouilly-Fumé ❷ sollte man auch den roten Les Tuilières ❷ aus Pinot noir oder den erstaunlichen Pouilly sur Loire Gustave Daudin ❸ nicht vergessen.

Domaine Vincent Pinard ★★★ – ★★★★
18300 Bué

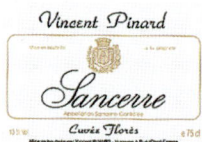

Pinard bedeutet »Gesöff«, ist also einer der vielen französischen Bezeichnungen für Wein, wie ihn Vincent Pinard gerade nicht keltert. Er produziert nicht nur herrliche weiße Sancerres ❷, sondern auch einen Rosé und einen leichten roten Tropfen ❷. Die raffinierten weißen Florès ❷ und Harmonie ❸ sind besonders schöne Sancerres.

Les Caves du Prieuré ★ – ★★★
18300 Crézancy-en-Sancerre
Die Rebberge des jungen Weinguts erstrecken sich über 14 ha auf besonders kalkreichen Böden. Sie sind zu 25 % mit Pinot noir und zu 75 % mit Sauvignon blanc bestockt. Der weiße Sancerre ❷ wird bei niedrigen Temperaturen schonend gekeltert, die Weinbereitung des Roten ❷ erfolgt traditionell in offenen Gärtanks. Ein Teil des Vorlaufweines ist für die Kelterung von Rosé ❷ bestimmt.

Domaine Guy Saget ★ – ★★★★
58150 Pouilly-sur-Loire

Das Handelshaus Guy Saget mit seinen 5000 Quadratmeter großen Kelleranlagen in Pouilly gehört zu den besuchenswerten Betrieben der Region. Es besitzt eine Rebfläche von 210 ha in den verschiedensten Anbaugebieten entlang der Loire (davon 40 ha in Pouilly und noch einmal so viel in Sancerre) und produziert zuverlässige Weine, darunter der fruchtbetonte Sancerre Clos de la Perrière ❷ und der charaktervolle Pouilly-Fumé Les Logères ❷, aber auch aus der Domaine d'Artois ❶ in der Appellation Touraine Mesland und der Domaine Chupin im Anbaugebiet Anjou ❶ kommen höchst bemerkenswerte Tropfen.

Die Vinoteca-Empfehlungen

Hier sind einige Weine durch alle Kategorien und Preislagen, die sich durch zuverlässige Qualität und gutes Preis-Wert-Verhältnis auszeichnen. Sie werden alle in größeren Mengen erzeugt, sodass die Chancen gut stehen, sie im Handel (Be-

zugsquellen S. 76) zu finden. Die Qualität kann allerdings von Jahr zu Jahr schwanken, die Preise können je nach Verkaufsort variieren. Für Verfügbarkeit und Preisangabe kann daher keine Garantie übernommen werden.

Weinname	♀♥	★	❶	↻—	☙
Muscadet sur lie Château du Cleray (S. 58)	herber, säuerlicher, angenehmer Weißwein	★	❶	jung zu trinken	einfache Speisen mit Meeresfrüchten, Austern, gebratener Fisch
Anjou sec Château Pierre Bise (S. 59)	fruchtiger, mineralischer, trockener Weißwein	★★	❷	jung zu trinken oder 2–3 Jahre lagern	Fisch, Geflügel, Ziegenkäse
Coteaux du Layon moelleux Domaine des Beaumard (S. 59)	fruchtiger, vollmundiger, trotz der Süße bekömmlicher Weißwein	★★	❷	jung zu trinken oder im Alter von 6–8 Jahren	Ziegenkäse, Weichkäse, Apfelkuchen
Saumur rouge Château de Montgueret (S. 61)	kräftiger, solider Rotwein	★★	❷	jung zu trinken oder im Alter von 3–6 Jahren	deftige Speisen, Wildgeflügel, Eintopfgerichte
Saumur Brut Cave de Saumur (S. 62)	fruchtiger, herber Schaumwein	★★	❷	jung zu trinken	preisgünstiger Schaumwein
Chinon Varenne du Grand Clos Charles Joguet (S. 66)	eleganter, fruchtiger, bekömmlicher Rotwein	★★★	❷	trinkreif im Alter von 3–6 Jahren	Sonntagsbraten, Brathähnchen mit Weinsauce
Vouvray Cuvée Moelleuse Champalou (S. 63)	zurückhaltend süßer Weißwein	★★★	❸	jung oder im Alter von 6–8 Jahren zu trinken	zum Umtrunk, zu Häppchen, Crevettencocktail
Gamay Première Vendange Domaine de la Charmoise (S. 64)	fröhlicher, süffiger Rotwein	★★	❶	jung zu trinken	sommerlicher Rotwein für alle Gelegenheiten und jeden Tag
Sauvignon de Touraine Domaine Joël Delaunay (S. 65)	frischer, herber, trockener Weißwein	★★★	❶	jung zu trinken	erfrischender Weißwein als Aperitif, für alle Gelegenheiten
Sancerre Florès Vincent Pinard (S. 70)	raffinierter, eleganter Weißwein	★★★	❷	2–4 Jahre lagern	als Aperitif, zu Ziegenkäse
Sancerre Domaine Lucien Crochet (S. 68)	kräftiger, klassischer Weißwein	★★	❷	2–4 Jahre lagern	gebratener Fisch

Gut einkaufen

Beim Weinerzeuger

An der Quelle selbst macht der Weinkauf sicher am meisten Spaß. Sie können vor Ort degustieren und diskutieren, in kleineren Weingütern meist mit dem Inhaber oder Kellermeister persönlich. Sie dürfen sich in den Rebbergen und im Keller umsehen und erhalten so einen guten Eindruck des Betriebes.

An der Loire ist der Direktkauf bei den meisten kleineren wie größeren Gütern möglich. Allerdings sind nicht alle Güter besonders für den Empfang von Kunden eingerichtet. Telefonische Anmeldung ist also empfehlenswert. Achtung: Viele Weingüter sind nicht leicht zu finden und die Wege sind kaum ausgeschildert. Vorsicht vor Wachhunden! Die Preise sind auf dem Erzeugergut meist sehr günstig. Die raren Spitzenweine werden aber nicht immer aus dem Schrank genommen, wenn ein unbekannter Besucher an die Tür klopft.

In den Weingeschäften vor Ort

Auch hier sind die Preise recht vernünftig. Wer sich interessiert zeigt und etwas Französisch spricht, wird meist sehr gut beraten. Gute Fachgeschäfte finden sich vor allem in den größeren Städten Nantes, Angers, Tours, Orleans oder in den eigentlichen Weintourismus-Zentren Chinon, Vouvray und Sancerre.

Beim Kauf im Weingebiet beachten

Wenn Sie Ihren Wein schon am Anfang des Urlaubs kaufen, fahren Sie ihn möglichst nicht tage- oder gar wochenlang im Auto spazieren, wo er – namentlich im Sommer – starken Temperaturschwankungen ausgesetzt ist. Suchen Sie Ihrer kostbaren Fracht bis zur Heimreise ein kühles Plätzchen.

Im Weinfachgeschäft

Fast jedes Fachgeschäft hat sein oder seine Spezialgebiete. Sie sollten in unserem Fall nach Loire-Spezialisten Ausschau halten, die leider immer noch zu selten sind. Ideal ist natürlich, wenn Sie

Beurteilung der Einkaufsquellen

Einkaufsquelle	Auswahl	Preise	Verkostung	Beratung	Service
Weingut, Erzeuger	minimal	normal	ideal möglich	sehr gut	gut
Weingeschäft im Weingebiet	regional maximal	normal	beschränkt möglich	gut bis sehr gut	gut
Weinfachhandel	optimal auch im oberen Bereich	eher hoch	gut bis sehr gut möglich	gut bis sehr gut	sehr kulant
Weinversender	gut bis sehr gut	eher hoch	nur über Probebestellung	gut	sehr kulant
Verbrauchermarkt	sehr gut im unteren Preisbereich	günstig	kaum möglich, außer bei Aktionen	minimal	minimal
Messen	sehr unterschiedlich je nach Messe	normal	in der Regel gut möglich	normal bis sehr gut	normal

sich »Ihren« Weinhändler aufbauen und einen Fachmann zur Hand haben, dem Sie vertrauen können. Als Stammkunde wird er Sie bevorzugt behandeln, er wird sich Zeit zum Fachsimpeln nehmen und Ihnen wertvolle Tipps vermitteln können, besonders wenn er, was meistens der Fall ist, seine Lieferanten persönlich kennt.

Beim Weinversender
Zumindest große Versandhändler haben oft ein interessantes und übersichtlich gestaltetes Angebot. Die Loire nimmt darin leider keine bevorzugte Stelle ein. Mittels Schnupperpaketen oder -angeboten ist es aber manchmal möglich, sich zu einem Vorzugspreis einzelne Probierflaschen zustellen zu lassen. Solche Gelegenheiten sollte man unbedingt ergreifen.

Auf Weinmessen
Für viele Leute sind sie Anlass, zu einigen Gratis-Gläschen zu kommen. Doch aufgepasst: Im Rummel und vor allem im leicht beschwipsten Zustand hat schon mancher Kunde übereilt gekauft. Wenn bei einer Messe aber in Ruhe verkostet und verglichen und mit dem Aussteller ein vernünftiges Wort gewechselt werden kann, so ist diese Einkaufsquelle durchaus empfehlenswert.

In den Supermärkten hat der Wein einen hohen Stellenwert und manche der Ladenketten haben sehr erfahrene Einkäufer. Durch die Einkaufsmengen können sie besonders im unteren Preisbereich oft günstige Angebote unterbreiten. Im Discount ist dies der Fall bei Aldi, in den Supermärkten Spar, Rewe, Kaiser's, Wal-Mart und Eurospar. In den Weinregalen der Kaufhäuser Kaufhof, Karstadt, Hertie, Horten und besonders im Berliner KaDeWe entdecken Sie teilweise hervorragende Weine. Im Bereich um die zehn Mark und mit ausgezeichnetem Preis-Wert-Verhältnis sind Edeka, Tengelmann, Familia Nord oder Globus stark. Mehr erfahren Sie im Vinoteca-Band »Einkaufs-Guide Wein«

Über die generellen Punkte der Weine von der Loire, wie Weintypologie, Appellationen AOC oder Jahrgänge, wissen Sie jetzt dank diesem Band bestens Bescheid. Was Sie erfragen sollten, sind Einzelheiten und Eigenheiten eines Produzenten und seiner Weine.

- Zu den Rebsorten: Welche sind zu welchen Anteilen in diesem Wein enthalten, sofern dies nicht auf dem Etikett vermerkt ist? (S. 18ff.)

- Was ist spezifisch für das Terroir des Betriebs, für Kulturform und die Pflanzdichte der Reben? (S. 22f.)

- Zur Ernte: Wurden die Trauben handgelesen oder maschinell geerntet? (S. 24f.)

- Zur Weinbereitung: Wie lange dauern Maischezeit und Vergärung? (S. 26f.)

- Zum Ausbau: Wie lange war der Wein im Tank, im Holzfass oder in der Barrique? (S. 26f.)

- Zum Produzenten: Wie groß ist der Betrieb? Wie alt ist er? Welches ist der Werdegang des Winzers, wer sind seine Berater (Önologen)? (S. 56ff.)

- Zum Jahrgang: Gab es beim Erzeuger Besonderheiten in diesem Jahr? (S. 30f.)

- Zum Wein: Was sind die Charakteristiken und zu welchen Gerichten empfiehlt er sich? (S. 36ff., 51ff.)

- Zur Lagerfähigkeit: Wann ist die optimale Trinkreife erreicht? Wie viele Jahre kann er maximal gelagert werden? (S. 30f.)

- Wie viele Flaschen wurden von diesem Wein abgefüllt? (S. 56f.)

Klug einkellern

Auf diesen Seiten vermitteln wir Ihnen einige Anregungen und Ratschläge für den Einkauf von Loire-Weinen und den Aufbau eines kleinen Vorrats oder gar einer Loire-Abteilung in Ihrem Weinkeller.

Zuvor ein paar Sätze zur Lagerung: Wein soll bei gleichmäßig kühler Temperatur – ideal: 10 °C – 12 °C, lieber 18 °C konstant statt zwischen 2 °C und 32 °C schwankend – gelagert werden; fern von Chemikalien, Auspuffgasen oder Heizkesseln. Die Flaschen werden liegend gelagert, damit der Kork mit dem Wein in Kontakt bleibt und nicht austrocknet.

Zur Einkaufsplanung

Am besten legen Sie sich einen Einkaufs- oder Einlagerungsplan zurecht. Anhand des kleinen Schemas unten können Sie dann Ihren Jahresbedarf an Flaschen und das erforderliche Budget abschätzen.

Kreuzen Sie bei jedem Punkt im Schema an, was für Sie zutrifft, und setzen Sie in der letzten Spalte die über den Spalten genannten Punktzahlen ein:

	3	2	1	Punkte
Stellenwert der Loire	hoch	mittel	gering	
eigene Lagermöglichkeiten	ideal	beschränkt	gering	
Weinkonsum pro Woche	mehr als 5 Fl.	bis 5 Flaschen	bis 2 Flaschen	
Punkte insgesamt				

Entsprechend der Punktzahl haben wir einige Vorschläge für Sie ausgearbeitet, die sie natürlich noch ganz nach Ihren eigenen Vorlieben und Bedürfnissen variieren können.

Vorschläge zu den Weinen finden Sie in unserem Guide zu Gütern und Weinen ab S. 56.

8–9 Punkte

Sie sind ein ausgesprochener Fan von Loire-Weinen und Weinfreak zugleich. Sie möchten Weine dieser Region regelmäßig genießen. Richten Sie in Ihrem Weinkeller eine Ecke dafür ein und pflegen Sie diesen Vorrat. Mit 1400 DM/ 700 € müssen Sie dabei rechnen.

12 Flaschen Muscadet ❷	DM	120,–
12 Flaschen Touraine ❷	DM	120,–
12 Flaschen leichter Rotwein ❷	DM	120,–
6 Flaschen Rosé ❷	DM	60,–
6 Flaschen festlicher Rotwein ❸	DM	180,–
12 Flaschen festlicher Weißwein ❸	DM	360,–
12 Flaschen halbsüße oder edelsüße Vouvray, Layon, Quarts de Chaumes ❹	DM	400,–
72 Flaschen total	DM	1360,–

5–7 Punkte

Sie sollten einen schönen Querschnitt an Loiregewächsen im Vorrat haben. Rechnen Sie mit ca. 800 DM/400 €.

6 Flaschen Muscadet ❷	DM	60,–
6 Flaschen Touraine ❷	DM	60,–
6 Flaschen leichter Rotwein ❷	DM	60,–
6 Flaschen festlicher Rotwein ❸	DM	180,–
6 Flaschen festlicher Weißwein ❸	DM	180,–
6 Flaschen halbsüße oder edelsüße Vouvray, Layon, Quarts de Chaumes ❹	DM	200,–
36 Flaschen total	DM	740,–

3–4 Punkte

Die Loire ist für Sie eine Weingegend unter vielen. Sie werden also einige schöne Flaschen bereithalten und wann immer Sie die Lust auf einen Wein von der Loire überkommt, eine davon entkorken. Rechnen Sie mit einer Investition von 400 DM/200 €.

6 Flaschen leichter Rot- oder Weißwein ❷	DM	60,–
6 Flaschen guter Rotwein ❸	DM	150,–
3 Flaschen festlicher Weißwein ❸	DM	90,–
3 Flaschen Vouvray, Layon ❸	DM	80,–
18 Flaschen total	DM	380,-

Richtig servieren

Junge Loire-Weine wird man direkt aus der Flasche servieren: einen Muscadet, einen Rosé, einen leichten Rotwein. Gereifte Weißweine aus der Chenin-Traube hingegen gehören in die Karaffe. Am besten füllt man den kühl gestellten Wein kurz vor dem Service um. Im Sommer lohnt es sich, die leere Karaffe ebenfalls vorzukühlen, im Kühlschrank oder dadurch, dass man sie etwa 10 Minuten in das Tiefkühlgerät gibt.

Die Operation des Umfüllens belüftet den Wein, dieser wird so von unangenehmen Lageraromen befreit und duftet weit interessanter.

Was die Rotweine anbelangt, sollte man nur sehr alte Rotwein aus der Cabernet-franc-Traube dekantieren, Rotweine also, die 10 Jahre und älter sind.

Dazu lässt man sie ein paar Stunden schräg in einer Weinwiege liegen oder aufrecht stehen, damit sich der Bodensatz wieder absetzen kann. Dann füllt man sie um, und zwar gemächlich

und vorsichtig, und beobachtet dabei den Hals der Karaffe: Sobald sich Bodensatz und Trubteile zeigen, bricht man die Operation ab. Den restlichen Wein in der Flasche, etwa ein halbes Glas normalerweise, schüttet man weg.

Die richtige Servier-Temperatur

Die Einschenktemperatur eines roten Loire-Weins beträgt 16 bis 18 °C und sollte 20 °C auf keinen Fall überschreiten. Junge rote Loire-Weine serviert man immer gekühlt, also bei etwa 14 °C. Dazu stellt man die Flasche einfach kurz in einen großen Kübel mit kaltem Wasser. Je größer das Gefäß, desto rascher sinkt die Temperatur.

6 – 8 °C	Schaumweine
8 – 10 °C	Weißweine, Süßweine
12 – 14 °C	einfache Rotweine
14 – 16 °C	gehaltvolle Rotweine
16 – 18 °C	wuchtige Rotweine

In der schlanken Sektflöte perlen Schaumweine schöner und länger.

Dieser schlanke Kelch ist ein gutes Weißweinglas.

Ein einfacher Glastyp für Alltagsweine, rot und weiß.

In einem großen Kelch kann ein großer Rotwein sein Bukett am besten entfalten.

B E Z U G S Q U E L L E N

Weinfach- und Weinversandgeschäfte mit gutem Loire-Sortiment:

12587 Berlin, Vins de France
Tel. 0 30/65 88 01 90
10717 Berlin Wilmersdorf, Wein & Glas Compagnie
Tel. 0 30/2 35 15 20
28195 Bremen, Eggers & Franke
Tel. 04 21/3 05 30, Fax 3 05 31 10
71034 Böblingen, La Carafe
Tel. 0 70 31/2 51 35 + 23 64 74
86807 Buchloe, Alpina
Tel. 0 82 41/50 05 47
31675 Bückeburg, Selected Weine & Champagner – H. W. Köster
Tel. 0 57 22/46 83
44149 Dortmund, Weinland Keiler
Tel. 02 31/6 53 88
47058 Duisburg, Les Vignobles
Tel. 02 03/34 30 56
45131 Essen, Les Vignobles
Tel. 02 01/84 13 22
82131 Gauting, Enno Folkerts
Tel. 0 89/8 50 61 51
20357 Hamburg, Pinot Gris OHG
Tel. 0 40/4 39 97 01
56759 Kaisersesch, Vinothek Nick Weine aus aller Welt
Tel. 0 26 53/35 96
50939 Köln, Dieckmann's Wein
Tel. 02 21/44 49 09
50667 Köln, Fegers & Unterberg & Berts FUB Weinhandels-GmbH
Tel. 02 21/2 58 15 30 + 2 58 16 31,
Fax 96 93 59 25
70771 Leinfelden/Echterdingen, Charles' Vinothek – Karl Renz
Tel. 07 11/79 26 71
88709 Meersburg, Georg Hack, Haus der guten Weine
Tel. 0 75 32/90 97, Fax 90 99

66117 Saarbrücken, Dr. Horst Gansert – Weinimporte
Tel. 06 81/5 84 68 76
29640 Schneverdingen, Brockmann
Tel. 0 51 93/9 91 50
54290 Trier, Bernard Massard – Rotweinkeller
Tel. 06 51/71 96 63
65185 Wiesbaden, Wein-Atelier im Hinterhof – A. Giess
Tel. 06 11/30 60 54
42113 Wuppertal, Boda Weinhaus
Tel. 02 02/71 17 17

A D R E S S E N   A N   D E R   L O I R E

Vorwahl Frankreich 00 33

Tourismus Allgemein
44204 Nantes Cedex 2
Comité Régional du Tourisme des Pays de Loire
2 rue de la Loire
B.P. 20411
Tel. 02 40 48 24 20, Fax 02 40 08 07 10

45041 Orléans Cedex 01
Comité Régional du Tourisme et des Loisirs
Centre Val de Loire
9 rue Saint-Pierre Lentin
Tel. 02 38 54 95 42, Fax 02 38 54 95 46

41005 Blois Cedex
Comité Départemental du Tourisme de Loire-et-Cher
Maison du Loir-et-Cher
5 rue de la Voûte du Château
B.P. 149
Tel. 02 54 78 55 50, Fax 02 54 74 81 79

44000 Nantes
Comité Départemental du Tourisme de Loire-Atlantique
2 Allée Baco
Tel. 0 25 172 95 30, Fax 02 40 20 44 54

44000 Nantes
Office de Tourisme de Nantes-Atlantique
Place du Commerce
Tel. 02 40 20 60 00, Fax 02 40 89 11 99

37000 Tours
Office de Tourisme de Tours
78 rue Bernard Palissy
Tel. 02 47 70 37 37, Fax 02 47 61 14 22

49418 Saumur Cedex
Office de Tourisme de Saumur
Place de Bilange
B.P. 241
Tel. 02 41 40 20 60, Fax 02 41 40 20 69

WEINFACHHANDEL AN DER LOIRE

44300 Nantes
Cave de Longchamp
72 rue Georges Lafont
Tel. 02 40 59 13 14, Fax 02 40 40 08 52

49000 Angers
Nicolas Vins Fins
Espace Anjou
75 avenue Montaigne
Tel. 02 41 87 98 85

37000 Tours
La Vinothèque
16 rue Michelet
Tel. 02 47 64 75 27, Fax 02 47 66 25 38

37500 Chinon
L'union des Caves de Vins de Rabelais
Tel. 02 47 93 42 70

18300 Sancerre
La Maison du Vigneron
Place des Ormes à Chavignol
Tel. 02 48 54 24 24

FÜR WEININFORMATIONEN

37000 Tours
Maison des Vins de Touraine-Val de Loire
19 square Prosper Mérimée
Tel. 02 47 05 40 01, Fax 02 47 66 57 32

44690 La Haye-Fouassière
Maison des Vins de Nantes
Bellevue
Tel. 02 40 36 90 10, Fax 02 40 36 95 87

49100 Angers
Comité Interprofessionnel des Vins d'Anjou
et de Saumur
73 rue Plantagenet
Tel. 02 41 87 62 57, Fax 02 41 86 71 84

18300 Sancerre
Bureau Interprofessionnel des Vins du Centre
9 route de Chavignol
Tel. 02 48 78 51 07, Fax 02 48 78 51 08

49100 Angers
Onivins
16 boulevard Ecce Homo
Tel. 02 41 24 16 60, Fax 02 41 88 21 11

Im FALKEN Verlag sind zahlreiche Titel zum Thema »Wein«
erschienen. Sie finden sie überall dort, wo es Bücher gibt.

Sie finden uns im Internet:
www.falken.de und www.vinoteca.falken.de

ISBN 3 8068 7486 7

Umschlaggestaltung: Peter Udo Pinzer
Konzept: Dr. Gerhard Kebbel
Redaktion: Ulrich Schweizer, Dr. Dietrich Voorgang, Marion Rupp
Producing: Hepfinger:De[sign], Freising
Umschlagfoto: Fotografie Friedemann Rink/Susa Kleeberg, Naurod
Fotos und Illustrationen im Innenteil: Vinum. das internationale
Weinmagazin; Michel Plassart; Rolf Bichsel; Armin Faber, Düssel-
dorf; FALKEN Verlag
Grafiken und Karten: Ruedi d'Orsini, Freising

Satz: sablNe vogt dtp, Freising
Litho: Brennerstudio, München
Druck: Ernst Uhl, Radolfzell

817 2635 4453 6271